PREFÁCIO

A coleção de frases de viagem "Vai tudo correr bem!" publicada pela T&P Books é concebida para pessoas que vão ao estrangeiro em viagens de turismo e negócios. Os livros de frases contêm o que é mais importante - o essencial para uma comunicação básica. Este é um conjunto indispensável de frases para "sobreviver" no estrangeiro.

Este Guia de Conversação irá ajudá-lo na maioria das situações em que precise de perguntar alguma coisa, obter direções, saber quanto custa algo, etc. Pode também resolver situações de difícil comunicação onde os gestos simplesmente não ajudam.

Este livro contém uma série de frases que foram agrupadas de acordo com os tópicos mais relevantes. Uma secção separada do livro também fornece um pequeno dicionário com mais de 1.500 palavras importantes e úteis.

Leve consigo para a estrada o Guia de Conversação "Vai tudo correr bem!" e terá um companheiro de viagem insubstituível, que irá ajudá-lo a encontrar o seu caminho em qualquer situação e ensiná-lo a não recear falar com estrangeiros.

TABELA DE CONTEÚDOS

T&P Books Publishing

Coleção Guias de Conversação
"Vai tudo correr bem!"

T&P Books Publishing

GUIA DE CONVERSAÇÃO

RUSSO

AS PALAVRAS E AS FRASES MAIS ÚTEIS

Este guia de conversação contém frases e perguntas comuns essenciais para uma comunicação básica com estrangeiros

Andrey Taranov

T&P BOOKS

Frases + dicionário de 1500 palavras

Guia de Conversação Português-Russo e dicionário conciso 1500 palavras

Por Andrey Taranov

A coleção de frases de viagem "Vai tudo correr bem!" publicada pela T&P Books é concebida para pessoas que vão ao estrangeiro em viagens de turismo e negócios. Os livros de frases contêm o que é mais importante - o essencial para uma comunicação básica. Este é um conjunto indispensável de frases para "sobreviver" no estrangeiro.

Outra secção do livro também fornece um pequeno dicionário com mais de 1.500 palavras úteis, organizadas por ordem alfabética. O dicionário inclui muitos termos gastronômicos e será útil quando pedir comida num restaurante ou comprar alimentos numa loja.

Editora T&P Books
www.tpbooks.com

ISBN: 978-1-78492-584-0

Este livro também está disponível em formato E-book.
Por favor visite www.tpbooks.com ou as principais livrarias on-line.

PRONÚNCIA

Letra	Exemplo Russo	Alfabeto fonético T&P	Exemplo Português
А, а	трава	[ɑ], [a]	amar
Е, е	перерыв	[e]	metal
Ё, ё	ёлка	[jɔ:], [ɜ:]	ioga
И, и	филин	[i], [i:]	sinónimo
О, о	корова	[o], [o:]	noite
У, у	Тулуза	[u], [u:]	bonita
Э, э	эволюция	[ɛ]	mesquita
Ю, ю	трюм	[ju:], [ju]	nacional
Я, я	яблоко	[ja:], [æ:]	Himalaias
Б, б	баобаб	[b]	barril
В, в	врач, вино	[v]	fava
Г, г	глагол	[g]	gosto
Д, д	дом, труд	[d]	dentista
Ж, ж	живот	[ʒ]	talvez
З, з	зоопарк	[z]	sésamo
Й, й	йога	[j]	géiser
ой	стройка	[ɔɪ]	moita
ай	край	[aj]	baixar
К, к	кино, сок	[k]	kiwi
Л, л	лопата	[l]	libra
М, м	март, сом	[m]	magnólia
Н, н	небо	[n]	natureza
П, п	папа	[p]	presente
Р, р	урок, робот	[r]	riscar
С, с	собака	[s]	sanita
Т, т	ток, стая	[t]	tulipa
Ф, ф	фарфор	[f]	safári
Х, х	хобот, страх	[h]	[h] aspirada
Ц, ц	цапля	[ʦ]	tsé-tsé
Ч, ч	чемодан	[ʧ]	Tchau!
Ш, ш	шум, шашки	[ʃ]	mês
Щ, щ	щенок	[ɕ]	shiatsu
Ы, ы	рыба	[ɪ]	sinónimo

Letra	Exemplo Russo	Alfabeto fonético T&P	Exemplo Português
Ь, ь	дверь	[ʲ]	sinal suave
нь	конь	[ɲ]	ninhada
ль	соль	[ʎ]	barulho
ть	статья	[t]	sitiar
Ъ, ъ	подъезд	[ˈ]	sinal forte. não representa nenhum som

LISTA DE ABREVIATURAS

Abreviaturas do Português

adj	-	adjetivo
adv	-	advérbio
anim.	-	animado
conj.	-	conjunção
desp.	-	desporto
etc.	-	etecetra
ex.	-	por exemplo
f	-	nome feminino
f pl	-	feminino plural
fem.	-	feminino
inanim.	-	inanimado
m	-	nome masculino
m pl	-	masculino plural
m, f	-	masculino, feminino
masc.	-	masculino
mat.	-	matemática
mil.	-	militar
pl	-	plural
prep.	-	preposição
pron.	-	pronome
sb.	-	sobre
sing.	-	singular
v aux	-	verbo auxiliar
vi	-	verbo intransitivo
vi, vt	-	verbo intransitivo, transitivo
vp	-	verbo pronominal
vt	-	verbo transitivo

Abreviaturas do Russo

ж	-	nome feminino
ж мн	-	feminino plural
м	-	nome masculino
м мн	-	masculino plural
м, ж	-	masculino, feminino
мн	-	plural

c - neutro
c мн - neutro plural

T&P BOOKS

GUIA DE CONVERSAÇÃO RUSSO

Esta secção contém frases
importantes que podem vir
a ser úteis em várias
situações da vida real.
O Guia de Conversação irá
ajudá-lo a pedir orientações,
esclarecer um preço,
comprar bilhetes e pedir
comida num restaurante

T&P Books Publishing

CONTEÚDO DO GUIA DE CONVERSAÇÃO

T&P Books Publishing

O mínimo

Desculpe, …	**Извините, …** [izwi'nite, …]
Olá!	**Здравствуйте.** ['zdrastvʊjte]
Obrigado /Obrigada/.	**Спасибо.** [spa'sibə]
Adeus.	**До свидания.** [da swi'danija]
Sim.	**Да.** [da]
Não.	**Нет.** [net]
Não sei.	**Я не знаю.** [ja ne 'znaʲʉ]
Onde? | Para onde? | Quando?	**Где? | Куда? | Когда?** [gde? | kʊ'da? | kag'da?]

Preciso de …	**Мне нужен …** [mne 'nʊʒən …]
Eu queria …	**Я хочу …** [ja ha'ʧu …]
Tem …?	**У вас есть …?** [u vas estʲ …?]
Há aqui …?	**Здесь есть …?** [zdesʲ estʲ …?]
Posso …?	**Я могу …?** [ja ma'gʊ …?]
…, por favor	**пожалуйста** [pa'ʒaləstə]

Estou à procura de …	**Я ищу …** [ja i'ɕu …]
casa de banho	**туалет** [tʊa'let]
Multibanco	**банкомат** [banka'mat]
farmácia	**аптеку** [ap'tekʊ]
hospital	**больницу** [balʲ'nitsu]
esquadra de polícia	**полицейский участок** [pali'tsɛjskij u'ʧastək]
metro	**метро** [met'rɔ]

táxi	**такси** [tak'si]
estação de comboio	**вокзал** [vak'zal]

Chamo-me ...	**Меня зовут ...** [mi'ɲa za'vʊt ...]
Como se chama?	**Как вас зовут?** [kak vas za'vʊt?]
Pode-me dar uma ajuda?	**Помогите мне, пожалуйста.** [pama'gite mne, pa'ʒaləstə]
Tenho um problema.	**У меня проблема.** [u me'ɲa prab'lema]
Não me sinto bem.	**Мне плохо.** [mne 'plɔhə]
Chame a ambulância!	**Вызовите скорую!** [vɪzawite 'skɔrʊʲʉ!]
Posso fazer uma chamada?	**Могу я позвонить?** [ma'gʊ ja pazva'nitʲ?]

Desculpe.	**Извините.** [izwi'nite]
De nada.	**Пожалуйста.** [pa'ʒaləstə]

eu	**я** [ja]
tu	**ты** [tɪ]
ele	**он** [ɔn]
ela	**она** [a'na]
eles	**они** [a'ni]
elas	**они** [a'ni]
nós	**мы** [mɪ]
vocês	**вы** [vɪ]
você	**Вы** [vɪ]

ENTRADA	**ВХОД** [vhɔt]
SAÍDA	**ВЫХОД** ['vɪhət]
FORA DE SERVIÇO	**НЕ РАБОТАЕТ** [ne ra'bɔtaet]
FECHADO	**ЗАКРЫТО** [zak'rɪtə]

ABERTO

ОТКРЫТО
[atkˈrɪtə]

PARA SENHORAS

ДЛЯ ЖЕНЩИН
[dʎa ˈʒɛnɕin]

PARA HOMENS

ДЛЯ МУЖЧИН
[dʎa mʊˈɕin]

Perguntas

Onde?	**Где?** [gde?]
Para onde?	**Куда?** [kʊ'da?]
De onde?	**Откуда?** [at'kʊda?]
Porquê?	**Почему?** [paʧe'mʊ?]
Porque razão?	**Зачем?** [za'ʧem?]
Quando?	**Когда?** [kag'da?]
Quanto tempo?	**Как долго?** [kak 'dɔlga?]
A que horas?	**Во сколько?** [va 'skɔlʲkə?]
Quanto?	**Сколько стоит?** ['skɔlʲkə 'stɔit?]
Tem ...?	**У вас есть ...?** [u vas estʲ ...?]
Onde fica ...?	**Где находится ...?** [gde na'hɔditsa ...?]
Que horas são?	**Который час?** [ka'tɔrɪj ʧas?]
Posso fazer uma chamada?	**Могу я позвонить?** [ma'gʊ ja pazva'nitʲ?]
Quem é?	**Кто там?** [ktɔ tam?]
Posso fumar aqui?	**Могу я здесь курить?** [ma'gʊ ja zdesʲ kʊ'ritʲ?]
Posso ...?	**Я могу ...?** [ja ma'gʊ ...?]

Necessidades

Eu gostaria de ...	**Я бы хотел /хотела/ ...** [ja bı ha'tel /ha'tela/ ...]
Eu não quero ...	**Я не хочу ...** [ja ne ha'ʧu ...]
Tenho sede.	**Я хочу пить.** [ja ha'ʧu pitʲ]
Eu quero dormir.	**Я хочу спать.** [ja ha'ʧu spatʲ]
Eu queria ...	**Я хочу ...** [ja ha'ʧu ...]
lavar-me	**умыться** [u'mıʦa]
escovar os dentes	**почистить зубы** [pa'ʧistitʲ 'zubı]
descansar um pouco	**немного отдохнуть** [nem'nɔgə atdah'nʊtʲ]
trocar de roupa	**переодеться** [perea'deʦa]
voltar ao hotel	**вернуться в гостиницу** [wer'nʊʦa v gas'tiniʦu]
comprar ...	**купить ...** [kʊ'pitʲ ...]
ir para ...	**съездить в ...** [sʰ'ezditʲ v ...]
visitar ...	**посетить ...** [pasi'titʲ ...]
encontrar-me com ...	**встретиться с ...** [vstr'etiʦa s ...]
fazer uma chamada	**позвонить** [pazva'nitʲ]
Estou cansado /cansada/.	**Я устал /устала/.** [ja us'tal /us'tala/]
Nós estamos cansados /cansadas/.	**Мы устали.** [mı us'tali]
Tenho frio.	**Мне холодно.** [mne 'hɔladnə]
Tenho calor.	**Мне жарко.** [mne 'ʒarkə]
Estou bem.	**Мне нормально.** [mne nar'malʲnə]

Preciso de telefonar.

Мне надо позвонить.
[mne 'nada pazva'nitʲ]

Preciso de ir à casa de banho.

Мне надо в туалет.
[mne 'nada v tʊa'let]

Tenho de ir.

Мне пора.
[mne pa'ra]

Tenho de ir agora.

Мне надо идти.
[mne 'nada it'ti]

Perguntando por direções

Desculpe, ...	**Извините, ...** [izwi'nite, ...]
Onde fica ...?	**Где находится ...?** [gde na'hɔditsa ...?]
Para que lado fica ...?	**В каком направлении находится ...?** [v ka'kɔm naprav'lenii na'hɔditsa ...?]
Pode-me dar uma ajuda?	**Помогите мне, пожалуйста.** [pama'gite mne, pa'ʒaləstə]
Estou à procura de ...	**Я ищу ...** [ja i'ɕu ...]
Estou à procura da saída.	**Я ищу выход.** [ja i'ɕu 'vɪhət]
Eu vou para ...	**Я еду в ...** [ja 'edʊ v ...]
Estou a ir bem para ...?	**Я правильно иду ...?** [ja 'prawilʲnə i'dʊ ...?]
Fica longe?	**Это далеко?** ['ɛtə dale'kɔ?]
Posso ir até lá a pé?	**Я дойду туда пешком?** [ja daj'dʊ tʊ'da peʃ'kɔm?]
Pode-me mostrar no mapa?	**Покажите мне на карте, пожалуйста.** [paka'ʒite mne na 'karte, pa'ʒaləstə]
Mostre-me onde estamos de momento.	**Покажите, где мы сейчас.** [paka'ʒite, gde mɪ se'ʧas]
Aqui	**Здесь** [zdesʲ]
Ali	**Там** [tam]
Por aqui	**Сюда** [sʲʉ'da]
Vire à direita.	**Поверните направо.** [pawer'nite nap'ravə]
Vire à esquerda.	**Поверните налево.** [pawer'nite na'levə]
primeira (segunda, terceira) curva	**первый (второй, третий) поворот** ['pervɪj (vta'rɔj, 'tretij) pava'rɔt]
para a direita	**направо** [nap'ravə]

para a esquerda

налево
[na'levə]

Vá sempre em frente.

Идите прямо.
[i'dite 'prʲamə]

Sinais

BEM-VINDOS! **ДОБРО ПОЖАЛОВАТЬ!**
[dab'rɔ pa'ʒalavətʲ!]

ENTRADA **ВХОД**
[vhɔt]

SAÍDA **ВЫХОД**
['vɪhət]

EMPURRAR **ОТ СЕБЯ**
[at se'bʲa]

PUXAR **НА СЕБЯ**
[na se'bʲa]

ABERTO **ОТКРЫТО**
[atk'rɪtə]

FECHADO **ЗАКРЫТО**
[zak'rɪtə]

PARA SENHORAS **ДЛЯ ЖЕНЩИН**
[dʎa 'ʒɛnɕin]

PARA HOMENS **ДЛЯ МУЖЧИН**
[dʎa mʊ'ɕin]

HOMENS, CAVALHEIROS (M) **МУЖСКОЙ ТУАЛЕТ**
[mʊʃs'kɔj tʊa'let]

SENHORAS (F) **ЖЕНСКИЙ ТУАЛЕТ**
[ʒɛnskij tʊa'let]

DESCONTOS **СКИДКИ**
['skitki]

SALDOS **РАСПРОДАЖА**
[raspra'daʒa]

GRATUITO **БЕСПЛАТНО**
[bisp'latnə]

NOVIDADE! **НОВИНКА!**
[na'vinka!]

ATENÇÃO! **ВНИМАНИЕ!**
[vni'maniə!]

NÃO HÁ VAGAS **МЕСТ НЕТ**
[mest 'net]

RESERVADO **ЗАРЕЗЕРВИРОВАНО**
[zarizer'wiravanə]

ADMINISTRAÇÃO **АДМИНИСТРАЦИЯ**
[administ'ratsija]

ACESSO RESERVADO **ТОЛЬКО ДЛЯ ПЕРСОНАЛА**
[tɔlʲkə dʎa persa'nala]

CUIDADO COM O CÃO	**ЗЛАЯ СОБАКА** ['zlaja sa'baka]
NÃO FUMAR!	**НЕ КУРИТЬ!** [ne kʊ'ritʲ!]
NÃO MEXER!	**РУКАМИ НЕ ТРОГАТЬ!** [rʊ'kami ne 'trɔgatʲ!]
PERIGOSO	**ОПАСНО** [a'pasnə]
PERIGO	**ОПАСНОСТЬ** [a'pasnəstʲ]
ALTA TENSÃO	**ВЫСОКОЕ НАПРЯЖЕНИЕ** [vɪ'sɔkae napri'ʒɛnie]
PROIBIDO NADAR	**КУПАТЬСЯ ЗАПРЕЩЕНО** [kʊ'patsa zapriɕe'nɔ!]

FORA DE SERVIÇO	**НЕ РАБОТАЕТ** [ne ra'bɔtaet]
INFLAMÁVEL	**ОГНЕОПАСНО** [agnea'pasnə]
PROIBIDO	**ЗАПРЕЩЕНО** [zapriɕe'nɔ]
PASSAGEM PROIBIDA	**ПРОХОД ЗАПРЕЩЁН** [pra'hɔt zapri'ɕʲon!]
PINTADO DE FRESCO	**ОКРАШЕНО** [ak'raʃənə]

FECHADO PARA OBRAS	**ЗАКРЫТО НА РЕМОНТ** [zak'rɪtə na re'mɔnt]
TRABALHOS NA VIA	**РЕМОНТНЫЕ РАБОТЫ** [re'mɔntnɪe ra'bɔtɪ]
DESVIO	**ОБЪЕЗД** [abʰ'ezt]

Transportes. Frases gerais

avião	**самолёт** [sama'lʲot]
comboio	**поезд** ['pɔest]
autocarro	**автобус** [aft'ɔbʊs]
ferri	**паром** [pa'rɔm]
táxi	**такси** [tak'si]
carro	**машина** [ma'ʃina]
horário	**расписание** [raspi'sanie]
Onde posso ver o horário?	**Где можно посмотреть расписание?** [gde 'mɔʒnə pasmat'retʲ raspi'sanie?]
dias de trabalho	**рабочие дни** [ra'bɔʧiə dni]
fins de semana	**выходные дни** [vɪhad'nɪe dni]
férias	**праздничные дни** ['prazdniʧnɪe dni]
PARTIDA	**ОТПРАВЛЕНИЕ** [atprav'lenie]
CHEGADA	**ПРИБЫТИЕ** [pri'bɪtie]
ATRASADO	**ЗАДЕРЖИВАЕТСЯ** [za'derʒivaeʦa]
CANCELADO	**ОТМЕНЕН** [atme'nʲon]
próximo (comboio, etc.)	**следующий** ['sledʊɕij]
primeiro	**первый** ['pervɪj]
último	**последний** [pas'lednij]
Quando é o próximo ...?	**Когда будет следующий ...?** [kag'da 'bʊdet 'sledʊɕij ...?]
Quando é o primeiro ...?	**Когда отходит первый ...?** [kag'da at'hɔdit 'pervɪj ...?]

Quando é o último ...?

Когда уходит последний ...?
[kag'da u'hɔdit pas'lednij ...?]

transbordo

пересадка
[piri'satka]

fazer o transbordo

сделать пересадку
['sdelatʲ piri'satkʊ]

Preciso de fazer o transbordo?

Мне нужно делать пересадку?
[mne 'nʊʒnə 'delatʲ piri'satkʊ?]

Comprando bilhetes

Onde posso comprar bilhetes?

Где можно купить билеты?
[gde 'moʒnə kʊ'pitⁱ bi'letɪ?]

bilhete

билет
[bi'let]

comprar um bilhete

купить билет
[kʊ'pitⁱ bi'let]

preço do bilhete

стоимость билета
[stɔiməstⁱ bi'leta]

Para onde?

Куда?
[kʊ'da?]

Para que estação?

До какой станции?
[dɔ ka'kɔj 'stantsii?]

Preciso de ...

Мне нужно ...
[mne 'nʊʒnə ...]

um bilhete

один билет
[a'din bi'let]

dois bilhetes

два билета
[dva bi'leta]

três bilhetes

три билета
[tri bi'leta]

só de ida

в один конец
[v a'din ka'neʦ]

de ida e volta

туда и обратно
[tʊ'da i ab'ratnə]

primeira classe

первый класс
['pervij klass]

segunda classe

второй класс
[fta'rɔj klass]

hoje

сегодня
[si'vɔdɲa]

amanhã

завтра
['zaftra]

depois de amanhã

послезавтра
[pɔsle'zaftra]

de manhã

утром
['utrəm]

à tarde

днём
[dnⁱom]

ao fim da tarde

вечером
['wetʃerəm]

lugar de corredor   **место у прохода**
['mestə u pra'hɔda]

lugar à janela   **место у окна**
['mestə u ak'na]

Quanto?   **Сколько?**
['skɔlʲkə?]

Posso pagar com cartão de crédito?   **Могу я заплатить карточкой?**
[ma'gʊ ja zapla'titʲ 'kartətʃkəj?]

Autocarro

autocarro	**автобус** [aft'ɔbʊs]
camioneta (autocarro interurbano)	**междугородний автобус** [meʒdʊga'rɔdnij aft'ɔbʊs]
paragem de autocarro	**автобусная остановка** [aft'ɔbʊsnaja asta'nɔfka]
Onde é a paragem de autocarro mais perto?	**Где ближайшая автобусная остановка?** [gde bli'ʒajʃəja aft'ɔbʊsnaja asta'nɔfka?]

número	**номер** ['nɔmer]
Qual o autocarro que apanho para ...?	**Какой автобус идёт до ...?** [ka'kɔj aft'ɔbʊs i'dʲot dɔ ...?]
Este autocarro vai até ...?	**Этот автобус идёт до ...?** [ɛtət av'tɔbʊs i'dʲot dɔ ...?]
Com que frequência passam os autocarros?	**Как часто ходят автобусы?** [kak 'tʃastə 'hɔdʲat aft'ɔbʊsɪ?]

de 15 em 15 minutos	**каждые 15 минут** ['kaʒdɪe pit'natsatʲ mi'nʊt]
de meia em meia hora	**каждые полчаса** ['kaʒdɪe pɔltʃa'sa]
de hora a hora	**каждый час** ['kaʒdɪj tʃas]
várias vezes ao dia	**несколько раз в день** ['neskalʲkə raz v denʲ]
... vezes ao dia	**... раз в день** [... raz v denʲ]

horário	**расписание** [raspi'sanie]
Onde posso ver o horário?	**Где можно посмотреть расписание?** [gde 'mɔʒnə pasmat'retʲ raspi'sanie?]

Quando é o próximo autocarro?	**Когда будет следующий автобус?** [kag'da 'bʊdet 'sledʊɕij aft'ɔbʊs?]
Quando é o primeiro autocarro?	**Когда отходит первый автобус?** [kag'da at'hɔdit 'pervɪj aft'ɔbʊs?]
Quando é o último autocarro?	**Когда уходит последний автобус?** [kag'da u'hɔdit pas'lednij aft'ɔbʊs?]
paragem	**остановка** [asta'nɔfka]

próxima paragem

следующая остановка
['sledʊɕəja asta'nɔfka]

última paragem

конечная остановка
[ka'netʃnəja asta'nɔfka]

Pare aqui, por favor.

Остановите здесь, пожалуйста.
[astana'witе zdesʲ, pa'ʒaləstə]

Desculpe, esta é a minha paragem.

Разрешите, это моя остановка.
[razre'ʃite, 'ɛtə ma'ja asta'nɔfka]

Comboio

comboio	**поезд** ['pɔest]
comboio sub-urbano	**пригородный поезд** ['prigəradnıj 'pɔest]
comboio de longa distância	**поезд дальнего следования** ['pɔest 'dalʲnevə 'sledavanija]
estação de comboio	**вокзал** [vak'zal]
Desculpe, onde fica a saída para a plataforma?	**Извините, где выход к поездам?** [izwi'nite, gde 'vıhət k paez'dam?]
Este comboio vai até ...?	**Этот поезд идёт до ...?** [ɛtət 'pɔest i'dʲot dɔ ...?]
próximo comboio	**следующий поезд** ['sleduɕij 'pɔest]
Quando é o próximo comboio?	**Когда будет следующий поезд?** [kag'da 'budet 'sleduɕij 'pɔest?]
Onde posso ver o horário?	**Где можно посмотреть расписание?** [gde 'mɔʒnə pasmat'retʲ raspi'sanie?]
Apartir de que plataforma?	**С какой платформы?** [s ka'kɔj plat'fɔrmı?]
Quando é que o comboio chega a ...?	**Когда поезд прибывает в ...?** [kag'da 'pɔest pribı'vaet v ...?]
Ajude-me, por favor.	**Помогите мне, пожалуйста.** [pama'gite mne, pa'ʒaləstə]
Estou à procura do meu lugar.	**Я ищу своё место.** [ja i'ɕu svaʲo 'mestə]
Nós estamos à procura dos nossos lugares.	**Мы ищем наши места.** [mı 'iɕem 'naʃi mes'ta]
O meu lugar está ocupado.	**Моё место занято.** [maʲo 'mestə 'zaɲatə]
Os nossos lugares estão ocupados.	**Наши места заняты.** ['naʃi mes'ta 'zaɲatı]
Peço desculpa mas este é o meu lugar.	**Извините, пожалуйста, но это моё место.** [izwi'nite, pa'ʒaləstə, nɔ 'ɛtə ma'ʲo 'mestə]
Este lugar está ocupado?	**Это место свободно?** [ɛtə 'mestə sva'bɔdnə?]
Posso sentar-me aqui?	**Могу я здесь сесть?** [ma'gu ja zdesʲ 'sestʲ?]

No comboio. Diálogo (Sem bilhete)

Bilhete, por favor.
Ваш билет, пожалуйста.
[vaʃ bi'let, pa'ʒaləstə]

Não tenho bilhete.
У меня нет билета.
[u me'ɲa net bi'leta]

Perdi o meu bilhete.
Я потерял /потеряла/ свой билет.
[ja pate'rʲal /pate'rʲala/ svɔj bi'let]

Esqueci-me do bilhete em casa.
Я забыл /забыла/ билет дома.
[ja za'bɪl /za'bɪla/ bi'let 'dɔma]

Pode comprar um bilhete a mim.
Вы можете купить билет у меня.
[vɪ 'mɔʒɛte kʊ'pitʲ bi'let u me'ɲa]

Terá também de pagar uma multa.
Вам ещё придётся заплатить штраф.
[vam i'ɕʲo pri'dʲoʦa zapla'titʲ 'ʃtraf]

Está bem.
Хорошо.
[hara'ʃɔ]

Onde vai?
Куда вы едете?
[kʊ'da vɪ 'edete?]

Eu vou para ...
Я еду до ...
[ja 'edʊ dɔ ...]

Quanto é? Eu não entendo.
Сколько? Я не понимаю.
['skɔlʲkə? ja ne pani'maʲʉ]

Escreva, por favor.
Напишите, пожалуйста.
[napi'ʃite, pa'ʒaləstə]

Está bem. Posso pagar com cartão de crédito?
Хорошо. Могу я заплатить карточкой?
[hara'ʃɔ. ma'gʊ ja zapla'titʲ 'kartəʧkəj?]

Sim, pode.
Да, можете.
[da 'mɔʒɛte]

Aqui tem a sua fatura.
Вот ваша квитанция.
[vɔt 'vaʃʌ kwi'tanʦija]

Desculpe pela multa.
Сожалею о штрафе.
[saʒə'leʲʉ ɔ 'ʃtrafe]

Não tem mal. A culpa foi minha.
Это ничего. Это моя вина.
['ɛtə niʧe'vɔ. 'ɛtə ma'ja wi'na]

Desfrute da sua viagem.
Приятной вам поездки.
[pri'jatnəj vam pa'eztki]

Taxi

táxi	**такси** [tak'si]
taxista	**таксист** [tak'sist]
apanhar um táxi	**поймать такси** [paj'matʲ tak'si]
paragem de táxis	**стоянка такси** [sta'janka tak'si]
Onde posso apanhar um táxi?	**Где я могу взять такси?** [gde ja ma'gʊ vzʲatʲ tak'si?]
chamar um táxi	**вызвать такси** ['vɪzvatʲ tak'si]
Preciso de um táxi.	**Мне нужно такси.** [mne 'nʊʒnə tak'si]
Agora.	**Прямо сейчас.** ['prʲamə se'ʧas]
Qual é a sua morada?	**Ваш адрес?** [vaʃ 'adres?]
A minha morada é ...	**Мой адрес ...** [mɔj 'adres ...]
Qual o seu destino?	**Куда вы поедете?** [kʊ'da vɪ pɔ'edete?]
Desculpe, ...	**Извините, ...** [izwi'nite, ...]
Está livre?	**Вы свободны?** [vɪ sva'bɔdnɪ?]
Em quanto fica a corrida até ...?	**Сколько стоит доехать до ...?** ['skɔlʲkə 'stɔit da'ehatʲ dɔ ...?]
Sabe onde é?	**Вы знаете, где это?** [vɪ 'znaete, 'gde ɛtə?]
Para o aeroporto, por favor.	**В аэропорт, пожалуйста.** [v aəra'pɔrt, pa'ʒaləstə]
Pare aqui, por favor.	**Остановитесь здесь, пожалуйста.** [astana'witesʲ zdesʲ, pa'ʒaləstə]
Não é aqui.	**Это не здесь.** ['ɛtə ne zdesʲ]
Esta morada está errada. (Não é aqui)	**Это неправильный адрес.** ['ɛtə nep'rawilʲnɪj 'adres]
Vire à esquerda.	**Сейчас налево.** [si'ʧas na'levə]
Vire à direita.	**Сейчас направо.** [si'ʧas nap'ravə]

Quanto lhe devo?	**Сколько я вам должен /должна/?** ['skolʲkə ja vam 'dɔlʒen /dɔlʒ'na/?]
Queria fatura, por favor.	**Дайте мне чек, пожалуйста.** [dajte mne 'ʧek, pa'ʒaləstə]
Fique com o troco.	**Сдачи не надо.** [sdaʧi ne 'nadə]

Espere por mim, por favor.	**Подождите меня, пожалуйста.** [padaʒ'dite me'ɲa, pa'ʒaləstə]
5 minutos	**5 минут** [pʲatʲ mi'nʊt]
10 minutos	**10 минут** ['desʲatʲ mi'nʊt]
15 minutos	**15 минут** [pit'natsatʲ mi'nʊt]
20 minutos	**20 минут** ['dvatsatʲ mi'nʊt]
meia hora	**полчаса** [pɔlʧa'sa]

Hotel

Olá!	**Здравствуйте.** ['zdrastvʊjte]
Chamo-me ...	**Меня зовут ...** [mi'ɲa za'vʊt ...]
Tenho uma reserva.	**Я резервировал /резервировала/ номер.** [ja rezer'virəval /rezer'virəvala/ 'nɔmer]
Preciso de ...	**Мне нужен ...** [mne 'nʊʒən ...]
um quarto de solteiro	**одноместный номер** [ədna'mesnɪj 'nɔmer]
um quarto de casal	**двухместный номер** [dvʊh'mesnɪj 'nɔmer]
Quanto é?	**Сколько он стоит?** ['skɔlʲkə ɔn 'stɔit?]
Está um pouco caro.	**Это немного дорого.** [ɛtə nem'nɔgə 'dɔragə]
Não tem outras opções?	**У вас есть еще что-нибудь?** [u vas estʲ e'ɕʲo ʃtɔ ni'bʊtʲ?]
Eu fico com ele.	**Я возьму его.** [ja vazʲ'mʊ e'vɔ]
Eu pago em dinheiro.	**Я заплачу наличными.** [ja zapla'ʧu na'liʧnɪmi]
Tenho um problema.	**У меня проблема.** [u me'ɲa prab'lema]
O meu ... está partido /A minha ... está partida/.	**Мой ... сломан /Моя ... сломана/** [mɔj ... 'slɔman /ma'ja ... 'slɔmana/]
O meu ... está avariado /A minha ... está avariada/.	**Мой /Моя/ ... не работает.** [mɔj /ma'ja/ ... ne ra'bɔtaet]
televisor (m)	**телевизор (м)** [tele'wizər]
ar condicionado (m)	**кондиционер (м)** [kənditsia'ner]
torneira (f)	**кран (м)** [kran]
duche (m)	**душ (м)** [dʊʃ]
lavatório (m)	**раковина (ж)** ['rakəwina]

cofre (m)	**сейф (м)**
	[sɛjf]
fechadura (f)	**замок (м)**
	[za'mɔk]
tomada elétrica (f)	**розетка (ж)**
	[ra'zetkə]
secador de cabelo (m)	**фен (м)**
	[fen]

Não tenho …	**У меня нет …**
	[u me'ɲa net …]
água	**воды**
	[va'dɪ]
luz	**света**
	['sweta]
eletricidade	**электричества**
	[ɛlekt'ritʃestva]

Pode dar-me …?	**Можете мне дать …?**
	['mɔʒete mne datʲ …?]
uma toalha	**полотенце**
	[pala'tentse]
um cobertor	**одеяло**
	[ade'jalə]
uns chinelos	**тапочки**
	['tapətʃki]
um roupão	**халат**
	[ha'lat]
algum champô	**шампунь**
	[ʃʌm'pʊnʲ]
algum sabonete	**мыло**
	['mɪlə]

Gostaria de trocar de quartos.	**Я хотел бы /хотела бы/ поменять номер.**
	[ja ha'tel /ha'tela/ bɪ pame'ɲatʲ 'nɔmer]
Não consigo encontrar a minha chave.	**Я не могу найти свой ключ.**
	[ja ne ma'gʊ naj'ti svɔj klʲʊtʃ]
Abra-me o quarto, por favor.	**Откройте мой номер, пожалуйста.**
	[atk'rɔjte mɔj 'nɔmer, pa'ʒaləstə]
Quem é?	**Кто там?**
	[ktɔ tam?]
Entre!	**Войдите!**
	[vaj'dite!]
Um minuto!	**Одну минуту!**
	[ad'nʊ mi'nʊtʊ!]

Agora não, por favor.	**Пожалуйста, не сейчас.**
	[pa'ʒaləstə, ne se'tʃas]
Venha ao meu quarto, por favor.	**Зайдите ко мне, пожалуйста.**
	[zaj'dite kam'ne, pa'ʒaləstə]

Gostaria de encomendar comida.

Я хочу сделать заказ еды в номер.
[ja ha'tʃu 'sdelatʲ za'kas e'dɪ v 'nɔmer]

O número do meu quarto é ...

Мой номер комнаты ...
[mɔj 'nɔmer 'kɔmnatɪ ...]

Estou de saída ...

Я уезжаю ...
[ja ue'ʐʐaʲu ...]

Estamos de saída ...

Мы уезжаем ...
[mɪ ue'ʐʐaem ...]

agora

сейчас
[se'tʃas]

esta tarde

сегодня после обеда
[se'vɔdɲa 'posle a'beda]

hoje à noite

сегодня вечером
[se'vɔdɲa 'wetʃerəm]

amanhã

завтра
['zaftra]

amanhã de manhã

завтра утром
['zaftra 'utrəm]

amanhã ao fim da tarde

завтра вечером
['zaftra 'wetʃerəm]

depois de amanhã

послезавтра
[pɔsle'zaftra]

Gostaria de pagar.

Я хотел бы /хотела бы/ рассчитаться.
[ja ha'tel /ha'tela/ bɪ rasçi'tatsa]

Estava tudo maravilhoso.

Всё было отлично.
[vsʲo 'bɪlə at'litʃnə]

Onde posso apanhar um táxi?

Где я могу взять такси?
[gde ja ma'gu vzʲatʲ tak'si?]

Pode me chamar um táxi, por favor?

Вызовите мне такси, пожалуйста.
[vɪzawite mne tak'si, pa'ʒaləstə]

Restaurante

Posso ver o menu, por favor?
Могу я посмотреть ваше меню?
[ma'gʊ ja pasmat'retʲ 'vaʃə me'nʲʉ?]

Mesa para um.
Столик для одного.
[stɔlik dʎa adna'vɔ]

Somos dois (três, quatro).
Нас двое (трое, четверо).
[nas 'dvɔe ('trɔe, 'tʃetwerə)]

Para fumadores
Для курящих
[dʎa kʊ'rʲaɕih]

Para não fumadores
Для некурящих
[dʎa nekʊ'rʲaɕih]

Por favor!
Будьте добры!
['bʊtʲte dab'rʲı!]

menu
меню
[me'nʲʉ]

lista de vinhos
карта вин
['karta win]

O menu, por favor.
Меню, пожалуйста.
[me'nʲʉ, pa'ʒaləstə]

Já escolheu?
Вы готовы сделать заказ?
[vɪ ga'tɔvɪ 'sdelatʲ za'kas?]

O que vai tomar?
Что вы будете заказывать?
[ʃtɔ vɪ 'bʊdete za'kazɪvatʲ?]

Eu quero …
Я буду …
[ja 'bʊdʊ …]

Eu sou vegetariano /vegetariana/.
Я вегетарианец /вегетарианка/.
[ja wegetari'anets /wegetari'anka/]

carne
мясо
['mʲasə]

peixe
рыба
['rɪba]

vegetais
овощи
['ɔvaɕi]

Tem pratos vegetarianos?
У вас есть вегетарианские блюда?
[u vas estʲ wegetari'anskie b'lʲʉda?]

Não como porco.
Я не ем свинину.
[ja ne 'em svi'ninʊ]

Ele /ela/ não come porco.
Он /она/ не ест мясо.
[an /a'na/ ne est 'mʲasə]

Sou alérgico /alérgica/ a …
У меня аллергия на …
[u me'ɲa aler'gija na …]

Por favor, pode trazer-me ...?

Принесите мне, пожалуйста ...
[prine'site mne, pa'ʒaləstə ...]

sal | pimenta | açucar

соль | перец | сахар
[sɔlʲ | 'pereʦ | 'sahar]

café | chá | sobremesa

кофе | чай | десерт
['kɔfe | tʃaj | de'sert]

água | com gás | sem gás

вода | с газом | без газа
[va'da | s 'gazəm | bes 'gaza]

uma colher | um garfo | uma faca

ложка | вилка | нож
['lɔʃka | 'wilka | nɔʃ]

um prato | um guardanapo

тарелка | салфетка
[ta'relka | sal'fetka]

Bom apetite!

Приятного аппетита!
[pri'jatnəvə ape'tita!]

Mais um, por favor.

Принесите ещё, пожалуйста.
[prine'site e'ɕʲo, pa'ʒaləstə]

Estava delicioso.

Было очень вкусно.
['bɪlə 'ɔtʃenʲ 'vkʊsnə]

conta | troco | gorjeta

счёт | сдача | чаевые
[ɕʲot | 'sdatʃə | tʃəi'vɪe]

A conta, por favor.

Счёт, пожалуйста.
[ɕʲot, pa'ʒaləstə]

Posso pagar com cartão de crédito?

Могу я заплатить карточкой?
[ma'gʊ ja zapla'titʲ 'kartətʃkəj?]

Desculpe, mas tem um erro aqui.

Извините, здесь ошибка.
[izwi'nite, zdesʲ a'ʃipka]

Centro Comercial

Posso ajudá-lo /ajudá-la/?	**Могу я вам помочь?** [ma'gʊ ja vam pa'mɔʧ?]
Tem ...?	**У вас есть ...?** [u vas estʲ ...?]
Estou à procura de ...	**Я ищу ...** [ja i'ɕu ...]
Preciso de ...	**Мне нужен ...** [mne 'nʊʒən ...]
Estou só a ver.	**Я просто смотрю.** [ja 'prɔstə smat'rʲʉ]
Estamos só a ver.	**Мы просто смотрим.** [mɪ 'prɔstə 'smɔtrim]
Volto mais tarde.	**Я зайду позже.** [ja zaj'dʊ 'pɔʑʑə]
Voltamos mais tarde.	**Мы зайдём позже.** [mɪ zaj'dʲom 'pɔʑʑə]
descontos | saldos	**скидки | распродажа** ['skitki | raspra'daʒa]
Mostre-me, por favor ...	**Покажите мне, пожалуйста ...** [paka'ʒite mne, pa'ʒaləstə ...]
Dê-me, por favor ...	**Дайте мне, пожалуйста ...** [dajte mne, pa'ʒaləstə ...]
Posso experimentar?	**Могу я это примерить?** [ma'gʊ ja 'ɛtə pri'meritʲ?]
Desculpe, onde fica a cabine de prova?	**Извините, где примерочная?** [izwi'nite, gde pri'merəʧnəja?]
Que cor prefere?	**Какой цвет вы хотите?** [ka'kɔj ʦwet vɪ ha'tite?]
tamanho | cvomprimento	**размер | рост** [raz'mer | rɔst]
Como lhe fica?	**Подошло?** [pada'ʃlɔ?]
Quanto é que isto custa?	**Сколько это стоит?** ['skɔlʲkə 'ɛtə 'stɔit?]
É muito caro.	**Это слишком дорого.** ['ɛtə 'sliʃkəm 'dɔragə]
Eu fico com ele.	**Я возьму это.** [ja vɔzʲ'mʊ 'ɛtə]
Desculpe, onde fica a caixa?	**Извините, где касса?** [izwi'nite, gde 'kassa?]

Vai pagar a dinheiro ou com cartão de crédito?

Как вы будете платить?
[kak vɪ 'bʊdete pla'tit⁽ʲ⁾?]

A dinheiro | com cartão de crédito

наличными | карточкой
[na'litʃnɪmi | 'kartətʃkəj]

Pretende fatura?

Вам нужен чек?
[vam 'nʊʒən tʃek?]

Sim, por favor.

Да, будьте добры.
[da, 'bʊtʲte dab'rɪ]

Não. Está bem!

Нет, не надо. Спасибо.
[net, ne 'nadə. spa'sibə]

Obrigado /Obrigada/.
Tenha um bom dia!

Спасибо. Всего хорошего!
[spa'sibə. vse'vɔ ha'rɔʃəvə!]

Na cidade

Desculpe, por favor ...	**Извините, пожалуйста ...** [izwi'nite, pa'ʒaləstə ...]
Estou à procura ...	**Я ищу ...** [ja i'ɕu ...]
do metro	**метро** [me'trɔ]
do meu hotel	**свою гостиницу** [svɔ'ʲʉ gas'tiniʦu]
do cinema	**кинотеатр** [kinəte'atr]
da praça de táxis	**стоянку такси** [sta'janku tak'si]
do multibanco	**банкомат** [banka'mat]
de uma casa de câmbio	**обмен валют** [ab'men va'lʲʉt]
de um café internet	**интернет-кафе** [intɛr'nɛt ka'fɛ]
da rua ...	**улицу ...** [uliʦu ...]
deste lugar	**вот это место** [vɔt 'ɛtə 'mestə]
Sabe dizer-me onde fica ...?	**Вы не знаете, где находится ...?** [vɪ ne 'znaete, gde na'hɔdiʦa ...?]
Como se chama esta rua?	**Как называется эта улица?** [kak nazɪ'vaeʦa 'ɛta 'uliʦa?]
Mostre-me onde estamos de momento.	**Покажите, где мы сейчас.** [paka'ʒite, gde mɪ se'ʧas]
Posso ir até lá a pé?	**Я дойду туда пешком?** [ja daj'dʊ tʊ'da peʃ'kɔm?]
Tem algum mapa da cidade?	**У вас есть карта города?** [u vas estʲ 'karta 'gɔrada?]
Quanto custa a entrada?	**Сколько стоит билет?** ['skɔlʲkə 'stɔit bi'let?]
Pode-se fotografar aqui?	**Здесь можно фотографировать?** [zdesʲ 'mɔʒnə fɔtagra'firəvatʲ?]
Estão abertos?	**Вы открыты?** [vɪ atk'rɪtɪ?]

A que horas abrem?

Во сколько вы открываетесь?
[vɔ 'skɔlʲkə vɪ atkrɪ'vaetesʲ?]

A que horas fecham?

До которого часа вы работаете?
[dɔ ka'tɔrəvə 'ʧasa vɪ ra'bɔtaete?]

Dinheiro

dinheiro | **деньги** ['denʲgi]

a dinheiro | **наличные деньги** [na'litʃnɪe 'denʲgi]

dinheiro de papel | **бумажные деньги** [bʊ'maʒnɪe 'denʲgi]

troco | **мелочь** ['melɔtʃ]

conta | troco | gorjeta | **счет | сдача | чаевые** [ɕʲot | 'sdatʃə | tʃəi'vɪe]

---

cartão de crédito | **кредитная карточка** [kre'ditnəja 'kartətʃka]

carteira | **бумажник** [bʊ'maʒnik]

comprar | **покупать** [pakʊ'patʲ]

pagar | **платить** [pla'titʲ]

multa | **штраф** [ʃtraf]

gratuito | **бесплатно** [bisp'latnə]

Onde é que posso comprar ...? | **Где я могу купить ...?** [gde ja ma'gʊ kʊ'pitʲ ...?]

O banco está aberto agora? | **Банк сейчас открыт?** [bank se'tʃas atk'rɪt?]

Quando abre? | **Во сколько он открывается?** [vɔ 'skɔlʲkə ɔn atkrɪ'vaetsa?]

Quando fecha? | **До которого часа он работает?** [dɔ ka'tɔrəvə 'tʃasa an ra'bɔtaet?]

Quanto? | **Сколько?** ['skɔlʲkə?]

Quanto custa isto? | **Сколько это стоит?** ['skɔlʲkə 'ɛtə 'stɔit?]

É muito caro. | **Это слишком дорого.** ['ɛtə 'sliʃkəm 'dɔragə]

Desculpe, onde fica a caixa? | **Извините, где касса?** [izwi'nite, gde 'kassa?]

A conta, por favor. | **Счёт, пожалуйста.** [ɕʲot, pa'ʒaləstə]

Posso pagar com cartão de crédito?

Могу я заплатить карточкой?
[ma'gʊ ja zapla'titʲ 'kartətʃkəj?]

Há algum Multibanco aqui?

Здесь есть банкомат?
[zdesʲ estʲ banka'mat?]

Estou à procura de um Multibanco.

Мне нужен банкомат.
[mne 'nʊʒən banka'mat]

Estou à procura de uma
casa de câmbio.

Я ищу обмен валют.
[ja i'ɕu ab'men va'lʲʉt]

Eu gostaria de trocar …

Я бы хотел /хотела/ поменять …
[ja bɪ ha'tel /ha'tela/ pame'nʲatʲ …]

Qual a taxa de câmbio?

Какой курс обмена?
[ka'kɔj kʊrs ab'mena]

Precisa do meu passaporte?

Вам нужен мой паспорт?
[vam 'nʊʒən mɔj 'paspərt?]

Tempo

Que horas são?	**Который час?** [ka'tɔrɪj ʧas?]
Quando?	**Когда?** [kag'da?]
A que horas?	**Во сколько?** [va 'skɔlʲkə?]
agora | mais tarde | depois ...	**сейчас | позже | после ...** [se'ʧas | 'pɔʑʑe | 'pɔsle ...]
uma em ponto	**Час дня** [ʧas dɲa]
uma e quinze	**Час пятнадцать** [ʧas pit'naʦatʲ]
uma e trinta	**Час тридцать** [ʧas t'riʦʦatʲ]
uma e quarenta e cinco	**Без пятнадцати два** [bez pit'naʦati dva]
um | dois | três	**один | два | три** [a'din | dva | tri]
quatro | cinco | seis	**четыре | пять | шесть** [ʧe'tɪre | pʲatʲ | ʃɛstʲ]
set | oito | nove	**семь | восемь | девять** [semʲ | 'vɔsemʲ | 'devʲatʲ]
dez | onze | doze	**десять | одиннадцать | двенадцать** ['desʲatʲ | a'dinnaʦatʲ | dwi'naʦatʲ]
dentro de ...	**через ...** [ʧerez ...]
5 minutos	**5 минут** [pʲatʲ mi'nʊt]
10 minutos	**10 минут** ['desʲatʲ mi'nʊt]
15 minutos	**15 минут** [pit'naʦatʲ mi'nʊt]
20 minutos	**20 минут** ['dvaʦatʲ mi'nʊt]
meia hora	**полчаса** [pɔlʧa'sa]
uma hora	**один час** [a'din ʧas]

de manhã	**утром**	['utrəm]
de manhã cedo	**рано утром**	[ranə 'utrəm]
esta manhã	**сегодня утром**	[se'vɔdɲa 'utrəm]
amanhã de manhã	**завтра утром**	['zaftrə 'utrəm]
ao meio-dia	**в обед**	[v a'bet]
à tarde	**после обеда**	['pɔsle a'beda]
à noite (das 18h às 24h)	**вечером**	['weʧerəm]
esta noite	**сегодня вечером**	[se'vɔdɲa 'weʧerəm]
à noite (da 0h às 6h)	**ночью**	['nɔʧʲʉ]
ontem	**вчера**	[vʧe'ra]
hoje	**сегодня**	[si'vɔdɲa]
amanhã	**завтра**	['zaftra]
depois de amanhã	**послезавтра**	[pɔsle'zaftra]
Que dia é hoje?	**Какой сегодня день?**	[ka'kɔj si'vɔdɲa denʲ?]
Hoje é ...	**Сегодня ...**	[se'vɔdɲa ...]
segunda-feira	**понедельник**	[pani'delʲnik]
terça-feira	**вторник**	['ftɔrnik]
quarta-feira	**среда**	[sri'da]
quinta-feira	**четверг**	[ʧet'werk]
sexta-feira	**пятница**	['pʲatnitsa]
sábado	**суббота**	[sʊ'bɔta]
domingo	**воскресение**	[vaskrə'seɲje]

Saudações. Apresentações

Olá!	**Здравствуйте.** ['zdrastvʊjte]
Prazer em conhecê-lo /conhecê-la/.	**Рад /рада/ с вами познакомиться.** [rad /'rada/ s 'vami pazna'kɔmitsa]
O prazer é todo meu.	**Я тоже.** [ja 'tɔʒɛ]
Apresento-lhe ...	**Знакомьтесь. Это ...** [zna'komʲtesʲ. 'ɛtə ...]
Muito prazer.	**Очень приятно.** [ɔtʃenʲ pri'jatnə]
Como está?	**Как вы? | Как у вас дела?** [kak vɪ? | kak u vas de'la?]
Chamo-me ...	**Меня зовут ...** [mi'ɲa za'vʊt ...]
Ele chama-se ...	**Его зовут ...** [e'vɔ za'vʊt ...]
Ela chama-se ...	**Её зовут ...** [eʲo za'vʊt ...]
Como é que o senhor /a senhora/ se chama?	**Как вас зовут?** [kak vas za'vʊt?]
Como é que ela se chama?	**Как его зовут?** [kak e'vɔ za'vʊt?]
Como é que ela se chama?	**Как ее зовут?** [kak eʲo za'vʊt?]
Qual o seu apelido?	**Как ваша фамилия?** [kak 'vaʃʌ fa'milija?]
Pode chamar-me ...	**Зовите меня ...** [za'wite me'ɲa ...]
De onde é?	**Откуда вы?** [at'kʊda vɪ]
Sou de ...	**Я из ...** [ja iz ...]
O que faz na vida?	**Кем вы работаете?** [kem vɪ ra'bɔtaete?]
Quem é este?	**Кто это?** [ktɔ 'ɛtə?]
Quem é ele?	**Кто он?** [ktɔ ɔn?]
Quem é ela?	**Кто она?** [ktɔ a'na?]
Quem são eles?	**Кто они?** [ktɔ a'ni?]

Este é ...	**Это ...** ['ɛtə ...]
o meu amigo	**мой друг** [mɔj drʊk]
a minha amiga	**моя подруга** [ma'ja pad'rʊga]
o meu marido	**мой муж** [mɔj mʊʃ]
a minha mulher	**моя жена** [ma'ja ʒi'na]

o meu pai	**мой отец** [mɔj a'tets]
a minha mãe	**моя мама** [ma'ja 'mama]
o meu irmão	**мой брат** [mɔj brat]
a minha irmã	**моя сестра** [ma'ja sist'ra]
o meu filho	**мой сын** [mɔj sɪn]
a minha filha	**моя дочь** [ma'ja dɔtʃʲ]

Este é o nosso filho.	**Это наш сын.** ['ɛtə naʃ sɪn]
Este é a nossa filha.	**Это наша дочь.** ['ɛtə 'naʃʌ dɔtʃʲ]
Estes são os meus filhos.	**Это мои дети.** ['ɛtə ma'i 'deti]
Estes são os nossos filhos.	**Это наши дети.** ['ɛtə 'naʃi 'deti]

Despedidas

Adeus!	**До свидания!** [dɔ swi'danija!]
Tchau!	**Пока!** [pa'ka!]
Até amanhã.	**До завтра.** [dɔ 'zaftra]
Até breve.	**До встречи.** [dɔ vstr'etʃi]
Até às sete.	**Встретимся в семь.** [vstr'etims'a v sem']
Diverte-te!	**Развлекайтесь!** [razvle'kajtes'!]
Falamos mais tarde.	**Поговорим попозже.** [pagava'rim pa'pɔʑʑə]
Bom fim de semana.	**Удачных выходных.** [u'datʃnɪh vɪhad'nɪh]
Boa noite.	**Спокойной ночи.** [spa'kɔjnəj 'nɔtʃi]
Está na hora.	**Мне пора.** [mne pa'ra]
Preciso de ir embora.	**Мне надо идти.** [mne 'nadə it'ti]
Volto já.	**Я сейчас вернусь.** [ja se'tʃas wer'nʊs']
Já é tarde.	**Уже поздно.** [u'ʒɛ 'pɔzdnə]
Tenho de me levantar cedo.	**Мне рано вставать.** [mne 'ranə vsta'vat']
Vou-me embora amanhã.	**Я завтра уезжаю.** [ja 'zaftra ue'ʑʑa'ʉ]
Vamos embora amanhã.	**Мы завтра уезжаем.** [mɪ 'zaftra ue'ʑʑaem]
Boa viagem!	**Счастливой поездки!** [ɕas'livəj pa'eztki!]
Tive muito prazer em conhecer-vos.	**Было приятно с вами познакомиться.** ['bɪlə pri'jatnə s 'vami pazna'kɔmitsa]
Foi muito agradável falar consigo.	**Было приятно с вами пообщаться.** ['bɪlə pri'jatnə s 'vami paab'ɕatsa]

Obrigado /Obrigada/ por tudo.	**Спасибо за всё.** [spa'sibə za 'vsʲo]
Passei um tempo muito agradável.	**Я прекрасно провёл /провела/ время.** [ja pre'krasnə pra'wʲol /prawe'la/ 'vremʲa]
Passámos um tempo muito agradável.	**Мы прекрасно провели время.** [mı pre'krasnə prawe'li 'vremʲa]
Foi mesmo fantástico.	**Всё было замечательно.** [vsʲo 'bılə zame'ʧatelʲnə]
Vou ter saudades suas.	**Я буду скучать.** [ja 'bʊdʊ skʊ'ʧatʲ]
Vamos ter saudades suas.	**Мы будем скучать.** [mı 'bʊdem skʊ'ʧatʲ]

Boa sorte!	**Удачи! Счастливо!** [u'daʧi! 'ɕaslivə!]
Dê cumprimentos a ...	**Передавайте привет ...** [pereda'vajte pri'wet ...]

Língua estrangeira

Eu não entendo.

Я не понимаю.
[ja ne pani'maʲʉ]

Escreva isso, por favor.

Напишите это, пожалуйста.
[napi'ʃite 'ɛtə, pa'ʒaləstə]

O senhor /a senhora/ fala ...?

Вы знаете ...?
[vɪ 'znaete ...?]

Eu falo um pouco de ...

Я немного знаю ...
[ja nem'nɔgə 'znaʲʉ ...]

Inglês

английский
[ang'lijskij]

Turco

турецкий
[tʊ'retskij]

Árabe

арабский
[a'rapskij]

Francês

французский
[fran'tsuskij]

Alemão

немецкий
[ne'metskij]

Italiano

итальянский
[ita'ljanskij]

Espanhol

испанский
[is'panskij]

Português

португальский
[partʊgalʲskij]

Chinês

китайский
[ki'tajskij]

Japonês

японский
[ja'pɔnskij]

Pode repetir isso, por favor.

Повторите, пожалуйста.
[pavta'rite, pa'ʒaləstə]

Compreendo.

Я понимаю.
[ja pani'maʲʉ]

Eu não entendo.

Я не понимаю.
[ja ne pani'maʲʉ]

Por favor fale mais devagar.

Говорите медленнее, пожалуйста.
[gava'rite 'medlenee, pa'ʒaləstə]

Isso está certo?

Это правильно?
['ɛtə 'prawilʲnə?]

O que é isto? (O que significa?)

Что это?
[ʃtɔ 'ɛtə?]

Desculpas

Desculpe-me, por favor.

Извините, пожалуйста.
[izwi'nite, pa'ʒaləstə]

Lamento.

Я сожалею.
[ja saʒə'leʲʉ]

Tenho muita pena.

Мне очень жаль.
[mne 'ɔtʃenʲ ʒalʲ]

Desculpe, a culpa é minha.

Виноват /Виновата/, это моя вина.
[wina'vat /wina'vata/, 'ɛtə ma'ja wi'na]

O erro foi meu.

Моя ошибка.
[ma'ja a'ʃipka]

Posso ...?

Могу я ...?
[ma'gʊ ja ...?]

O senhor /a senhora/ não
se importa se eu ...?

Вы не будете возражать, если я ...?
[vɪ ne 'bʊdete vazra'ʒatʲ, 'esli ja ...?]

Não faz mal.

Ничего страшного.
[nitʃe'vɔ 'straʃnəvə]

Está tudo em ordem.

Всё в порядке.
[vsʲo v pa'rʲatke]

Não se preocupe.

Не беспокойтесь.
[ne bespa'kɔjtesʲ]

Acordo

Sim.	**Да.** [da]
Sim, claro.	**Да, конечно.** [da, ka'neʃnə]
Está bem!	**Хорошо!** [hara'ʃɔ!]
Muito bem.	**Очень хорошо.** ['ɔʧenʲ hara'ʃɔ]
Claro!	**Конечно!** [ka'neʃnə!]
Concordo.	**Я согласен /согласна/.** [ja sag'lasen /sag'lasna/]

Certo.	**Верно.** ['wernə]
Correto.	**Правильно.** ['prawilʲnə]
Tem razão.	**Вы правы.** [vı 'pravı]
Eu não me oponho.	**Я не возражаю.** [ja ne vazra'ʒaʲʉ]
Absolutamente certo.	**Совершенно верно.** [sawer'ʃɛnnə 'wernə]

É possível.	**Это возможно.** ['ɛtə vaz'mɔʒnə]
É uma boa ideia.	**Это хорошая мысль.** [ɛtə ha'rɔʃəja mıslʲ]
Não posso recusar.	**Не могу отказать.** [ne ma'gʊ atka'zatʲ]
Terei muito gosto.	**Буду рад /рада/.** [bʊdʊ rad /'rada/]
Com prazer.	**С удовольствием.** [s uda'vɔlʲstwiem]

Recusa. Expressão de dúvida

Não.

Нет.
[net]

Claro que não.

Конечно нет.
[ka'neʃnə net]

Não concordo.

Я не согласен /не согласна/.
[ja ne sag'lasen /ne sag'lasna/]

Não creio.

Я так не думаю.
[ja tak ne 'dumaⁱu]

Isso não é verdade.

Это неправда.
['ɛtə nep'ravda]

O senhor /a senhora/ não tem razão.

Вы неправы.
[vɪ nep'ravɪ]

Acho que o senhor /a senhora/ não tem razão.

Я думаю, что вы неправы.
[ja 'dumaⁱu, ʃtɔ vɪ nep'ravɪ]

Não tenho a certeza.

Не уверен /не уверена/.
[ne u'veren /ne u'verena/]

É impossível.

Это невозможно.
['ɛtə nevaz'mɔʒnə]

De modo algum!

Ничего подобного!
[nitʃe'vɔ pa'dɔbnəvə!]

Exatamente o contrário.

Наоборот!
[naaba'rɔt!]

Sou contra.

Я против.
[ja 'prɔtiv]

Não me importo.

Мне всё равно.
[mne vsⁱo rav'nɔ]

Não faço ideia.

Понятия не имею.
[pa'ɲatija ne i'meⁱu]

Não creio.

Сомневаюсь, что это так.
[samne'vaⁱusⁱ, ʃtɔ 'ɛtə tak]

Desculpe, mas não posso.

Извините, я не могу.
[izwi'nite, ja ne ma'gu]

Desculpe, mas não quero.

Извините, я не хочу.
[izwi'nite, ja ne ha'tʃu]

Desculpe, não quero isso.

Спасибо, мне это не нужно.
[spa'sibə, mne 'ɛtə ne 'nuʒnə]

Já é muito tarde.

Уже поздно.
[u'ʒɛ 'pɔzdnə]

Tenho de me levantar cedo.	**Мне рано вставать.** [mne 'ranə vsta'vatʲ]
Não me sinto bem.	**Я плохо себя чувствую.** [ja 'plɔhə se'bʲa 'ʧustvʊʲʉ]

Expressão de gratidão

Obrigado /Obrigada/.	**Спасибо.** [spa'sibə]
Muito obrigado /obrigada/.	**Спасибо большое.** [spa'sibə bal^j'ʃɔe]
Fico muito grato /grata/.	**Очень признателен /признательна/.** [ɔʧen^j priz'natelen /priz'natel^jna/]
Estou-lhe muito reconhecido.	**Я вам благодарен /благодарна/.** [ja vam blaga'daren /blaga'darna/]
Estamos-lhe muito reconhecidos.	**Мы Вам благодарны.** [mı vam blaga'darnı]
Obrigado /Obrigada/ pelo seu tempo.	**Спасибо, что потратили время.** [spa'sibə, ʃtɔ pat'ratili 'vrem^ja]
Obrigado /Obrigada/ por tudo.	**Спасибо за всё.** [spa'sibə za 'vs^jo]
Obrigado /Obrigada/ ...	**Спасибо за ...** [spa'sibə za ...]
... pela sua ajuda	**вашу помощь** [vaʃʊ 'pɔmaɕ]
... por este tempo bem passado	**хорошее время** [ha'rɔʃəe 'vrem^ja]
... pela comida deliciosa	**прекрасную еду** [pre'krasnʊ^jʉ e'dʊ]
... por esta noite agradável	**приятный вечер** [pri'jatnıj 'weʧer]
... pelo dia maravilhoso	**замечательный день** [zami'ʧatel^jnıj den^j]
... pela jornada fantástica	**интересную экскурсию** [inte'resnʊ^jʉ ɛks'kʊrsi^jʉ]
Não tem de quê.	**Не за что.** [ne za ʃtə]
Não precisa agradecer.	**Не стоит благодарности.** [ne 'stɔit blaga'darnasti]
Disponha sempre.	**Всегда пожалуйста.** [vseg'da pa'ʒaləsta]
Foi um prazer ajudar.	**Был рад /Была рада/ помочь.** [bıl rad /bı'la 'rada/ pa'mɔʧ]
Esqueça isso.	**Забудьте. Всё в порядке.** [za'bʊt^jte. fs^jo f pɔ'r^jatke]
Não se preocupe.	**Не беспокойтесь.** [ne bespa'kɔjtes^j]

Parabéns. Cumprimentos

Parabéns!	**Поздравляю!** [pazdrav'ʎaʲʉ!]
Feliz aniversário!	**С днём рождения!** [s 'dnʲom raʒ'denija!]
Feliz Natal!	**Весёлого рождества!** [we'sʲoləvə raʒdest'va!]
Feliz Ano Novo!	**С Новым годом!** [s 'nɔvɪm 'gɔdəm!]
Feliz Páscoa!	**Со Светлой Пасхой!** [sɔ 'swetləj 'pashəj!]
Feliz Hanukkah!	**Счастливой Хануки!** [ɕas'livəj 'hanʊki!]
Gostaria de fazer um brinde.	**У меня есть тост.** [u me'ɲa estʲ tɔst]
Saúde!	**За ваше здоровье!** [za 'vaʃə zda'rɔvje]
Bebamos a ... !	**Выпьем за ... !** ['vɪpjem za ... !]
Ao nosso sucesso!	**За наш успех!** [za naʃ us'peh!]
Ao vosso sucesso!	**За ваш успех!** [za vaʃ us'peh!]
Boa sorte!	**Удачи!** [u'datʃi!]
Tenha um bom dia!	**Приятного вам дня!** [pri'jatnəvə vam dɲa!]
Tenha um bom feriado!	**Хорошего вам отдыха!** [ha'rɔʃəvə vam 'ɔtdɪha!]
Tenha uma viagem segura!	**Удачной поездки!** [u'datʃnəj pa'eztki!]
Espero que melhore em breve!	**Желаю вам скорого выздоровления!** [ʒe'laʲʉ vam 'skɔrəvə vɪzdarav'lenija!]

Socializando

Porque é que está chateado /chateada/?	**Почему вы расстроены?** [pat͡ʃe'mʊ vɪ rast'rɔenɪ?]
Sorria!	**Улыбнитесь!** [ulɪb'nitesʲ!]
Está livre esta noite?	**Вы не заняты сегодня вечером?** [vɪ ne zaɲatɪ se'vɔdɲa 'wet͡ʃerəm?]

Posso oferecer-lhe algo para beber?	**Могу я предложить вам выпить?** [ma'gʊ ja predla'ʒitʲ vam 'vɪpitʲ?]
Você quer dançar?	**Не хотите потанцевать?** [ne ha'tite patant͡se'vatʲ?]
Vamos ao cinema.	**Может сходим в кино?** ['mɔʒet 'shɔdim v ki'nɔ?]

Gostaria de a convidar para ir …	**Могу я пригласить вас в …?** [ma'gʊ ja prigla'sitʲ vas v …?]
ao restaurante	**ресторан** [resta'ran]
ao cinema	**кино** [ki'nɔ]
ao teatro	**театр** [te'atr]
passear	**на прогулку** [na pra'gʊlkʊ]

A que horas?	**Во сколько?** [va 'skɔlʲkə?]
hoje à noite	**сегодня вечером** [se'vɔdɲa 'wet͡ʃerəm]
às 6 horas	**в 6 часов** [v ʃɛstʲ t͡ʃa'sɔf]
às 7 horas	**в 7 часов** [v semʲ t͡ʃa'sɔf]
às 8 horas	**в 8 часов** [v 'vɔsemʲ t͡ʃa'sɔf]
às 9 horas	**в 9 часов** [v 'devʲatʲ t͡ʃa'sɔf]

Gosta deste local?	**Вам здесь нравится?** [vam zdesʲ 'nrawit͡sa?]
Está com alguém?	**Вы здесь с кем-то?** [vɪ zdesʲ s 'kem tə?]
Estou com o meu amigo.	**Я с другом /подругой/.** [ja s 'drʊgəm /pad'rʊgəj/]

Estou com os meus amigos.	**Я с друзьями.** [ja s drʊ'zjʲami]
Não, estou sozinho /sozinha/.	**Я один /одна/.** [ja a'din /ad'na/]
Tens namorado?	**У тебя есть приятель?** [u te'bʲa estʲ pri'jatelʲ?]
Tenho namorado.	**У меня есть друг.** [u me'ɲa estʲ drʊk]
Tens namorada?	**У тебя есть подружка?** [u te'bʲa estʲ pad'rʊʃka?]
Tenho namorada.	**У меня есть девушка.** [u me'ɲa estʲ 'devʊʃka]
Posso voltar a vêr-te?	**Мы еще встретимся?** [mɪ e'ɕʲo vst'retimsʲa?]
Posso ligar-te?	**Можно я тебе позвоню?** [mɔʒnə ja te'be pazva'nʲʉ?]
Liga-me.	**Позвони мне.** [pazva'ni mne]
Qual é o teu número?	**Какой у тебя номер?** [ka'kɔj u te'bʲa 'nɔmer?]
Tenho saudades tuas.	**Я скучаю по тебе.** [ja skʊ'ʧaʲʉ pa te'be]
Tem um nome muito bonito.	**У вас очень красивое имя.** [u vas 'ɔʧenʲ kra'sivae 'imʲa]
Amo-te.	**Я тебя люблю.** [ja te'bʲa lʲʉb'lʲʉ]
Quer casar comigo?	**Выходи за меня.** [vɪha'di za me'ɲa]
Você está a brincar!	**Вы шутите!** [vɪ 'ʃʊtite!]
Estou só a brincar.	**Я просто шучу.** [ja 'prɔstə ʃʊ'ʧu]
Está a falar a sério?	**Вы серьезно?** [vɪ se'rjoznə?]
Estou a falar a sério.	**Я серьёзно.** [ja se'rjʲoznə]
De verdade?!	**Правда?!** ['pravda?!]
Incrível!	**Это невероятно!** ['ɛtə newera'jatnə]
Não acredito.	**Я вам не верю.** [ja vam ne 'werʲʉ]
Não posso.	**Я не могу.** [ja ne ma'gʊ]
Não sei.	**Я не знаю.** [ja ne 'znaʲʉ]

Não entendo o que está a dizer.	**Я вас не понимаю.** [ja vas ne pani'maʲʉ]
Saia, por favor.	**Уйдите, пожалуйста.** [uj'dite, pa'ʒaləstə]
Deixe-me em paz!	**Оставьте меня в покое!** [as'tavʲte me'ɲa v pa'kɔe!]

Eu não o suporto.	**Я его не выношу.** [ja e'gɔ ne vɪna'ʃʊ]
Você é detestável!	**Вы отвратительны!** [vɪ atvra'titelʲnɪ!]
Vou chamar a polícia!	**Я вызову полицию!** [ja 'vɪzavʊ pa'litsiʲʉ!]

Partilha de impressões. Emoções

Gosto disto.	**Мне это нравится.** [mne 'ɛtə 'nrawitsa]
É muito simpático.	**Очень мило.** ['ɔtʃenʲ 'milə]
Fixe!	**Это здорово!** ['ɛtə 'zdɔrɔvə!]
Não é mau.	**Это неплохо.** ['ɛtə nep'lɔhə]
Não gosto disto.	**Мне это не нравится.** [mne 'ɛtə ne 'nrawitsa]
Isso não está certo.	**Это нехорошо.** ['ɛtə nehara'ʃɔ]
Isso é mau.	**Это плохо.** ['ɛtə 'plɔhə]
Isso é muito mau.	**Это очень плохо.** ['ɛtə 'ɔtʃenʲ 'plɔhə]
Isso é asqueroso.	**Это отвратительно.** ['ɛtə atvra'titelʲnə]
Estou feliz.	**Я счастлив /счастлива/.** [ja 'ɕʲasliv /'ɕʲasliva/]
Estou contente.	**Я доволен /довольна/.** [ja da'vɔlen /da'vɔlʲna/]
Estou apaixonado /apaixonada/.	**Я влюблён /влюблена/.** [ja vlʲʉb'lʲon /vlʲʉble'na/]
Estou calmo /calma/.	**Я спокоен /спокойна/.** [ja spa'kɔen /spa'kɔjna/]
Estou aborrecido /aborrecida/.	**Мне скучно.** [mne 'skʊʃnə]
Estou cansado /cansada/.	**Я устал /устала/.** [ja us'tal /us'tala/]
Estou triste.	**Мне грустно.** [mne 'grʊsnə]
Estou apavorado /apavorada/.	**Я напуган /напугана/.** [ja na'pʊgan /na'pʊgana/]
Estou zangado /zangada/.	**Я злюсь.** [ja zlʲʉsʲ]
Estou preocupado /preocupada/.	**Я волнуюсь.** [ja val'nʊʲʉsʲ]
Estou nervoso /nervosa/.	**Я нервничаю.** [ja 'nervnitʃaʲʉ]

Estou ciumento /ciumenta/.

Я завидую.
[ja za'widuʲu]

Estou surpreendido /surpreendida/.

Я удивлён /удивлена/.
[ja udiv'lʲon /udivle'na/]

Estou perplexo /perplexa/.

Я озадачен /озадачена/.
[ja aza'datʃen /aza'datʃena/]

Problemas. Acidentes

Tenho um problema.	**У меня проблема.** [u me'ɲa prab'lema]
Temos um problema.	**У нас проблема.** [u nas prab'lema]
Estou perdido.	**Я заблудился /заблудилась/.** [ja zablu'dils^ja /zablu'dilas^j/]
Perdi o último autocarro.	**Я опоздал на последний автобус (поезд).** [ja apaz'dal na pas'lednij aft'ɔbʊs ('pɔest)]
Não me resta nenhum dinheiro.	**У меня совсем не осталось денег.** [u me'ɲa sav'sem ne as'taləs^j 'denek]
Eu perdi ...	**Я потерял /потеряла/ ...** [ja pate'r^jal /pate'r^jala/ ...]
Roubaram-me ...	**У меня украли ...** [u me'ɲa uk'rali ...]
o meu passaporte	**паспорт** ['paspərt]
a minha carteira	**бумажник** [bʊ'maʒnik]
os meus papéis	**документы** [dakʊ'mentɪ]
o meu bilhete	**билет** [bi'let]
o dinheiro	**деньги** ['den^jgi]
a minha mala	**сумку** ['sʊmkʊ]
a minha camara	**фотоаппарат** ['fɔta apa'rat]
o meu computador	**ноутбук** [nɔut'bʊk]
o meu tablet	**планшет** [plan'ʃət]
o meu telemóvel	**телефон** [tele'fɔn]
Ajude-me!	**Помогите!** [pama'gite]
O que é que aconteceu?	**Что случилось?** [ʃtɔ slu'ʧiləs^j?]

fogo	**пожар** [pa'ʒar]
tiroteio	**стрельба** [strelʲ'ba]
assassínio	**убийство** [u'bijstvə]
explosão	**взрыв** [vzrɪv]
briga	**драка** ['draka]
Chame a polícia!	**Вызовите полицию!** ['vɪzawite pa'litsiʲʉ!]
Mais depressa, por favor!	**Пожалуйста, быстрее!** [pa'ʒaləstə, bɪst'ree!]
Estou à procura de uma esquadra de polícia.	**Я ищу полицейский участок.** [ja i'ɕu pali'tsɛjskij u'tʃastək]
Preciso de telefonar.	**Мне нужно позвонить.** [mne 'nʊʒnə pazva'nitʲ]
Posso telefonar?	**Могу я позвонить?** [ma'gʊ ja pazva'nitʲ?]
Fui ...	**Меня ...** [mi'ɲa ...]
assaltado /assaltada/	**ограбили** [ag'rabili]
roubado /roubada/	**обокрали** [abak'rali]
violada	**изнасиловали** [izna'siləvali]
atacado /atacada/	**избили** [iz'bili]
Está tudo bem consigo?	**С вами все в порядке?** [s 'vami vsʲo v pa'rʲatke?]
Viu quem foi?	**Вы видели, кто это был?** [vɪ 'wideli, ktɔ 'ɛtə bɪl?]
Seria capaz de reconhecer a pessoa?	**Вы сможете его узнать?** [vɪ s'mɔʒete e'vɔ uz'natʲ?]
Tem a certeza?	**Вы точно уверены?** [vɪ 'tɔtʃnə u'werenɪ?]
Acalme-se, por favor.	**Пожалуйста, успокойтесь.** [pa'ʒaləstə, uspa'kɔjtesʲ]
Calma!	**Спокойнее!** [spa'kɔjnee!]
Não se preocupe.	**Не беспокойтесь.** [ne bespa'kɔjtesʲ]
Vai ficar tudo bem.	**Всё будет хорошо.** [vsʲo 'bʊdet hara'ʃɔ]
Está tudo em ordem.	**Всё в порядке.** [vsʲo v pa'rʲatke]

Chegue aqui, por favor.	**Подойдите, пожалуйста.** [padaj'dite, pa'ʒaləstə]
Tenho algumas questões a colocar-lhe.	**У меня к вам несколько вопросов.** [u me'ɲa k vam 'neskalʲkə vap'rɔsəf]
Aguarde um momento, por favor.	**Подождите, пожалуйста.** [padaʒ'dite, pa'ʒaləstə]
Tem alguma identificação?	**У вас есть документы?** [u vas estʲ dakʊ'mentɪ?]
Obrigado. Pode ir.	**Спасибо. Вы можете идти.** [spa'sibə. vɪ 'mɔʒɛte it'ti]
Mãos atrás da cabeça!	**Руки за голову!** ['rʊki 'zagalavʊ!]
Você está preso!	**Вы арестованы!** [vɪ ares'tɔvanɪ!]

Problemas de saúde

Ajude-me, por favor.	**Помогите, пожалуйста.** [pama'gite, pa'ʒaləstə]
Não me sinto bem.	**Мне плохо.** [mne 'plohə]
O meu marido não se sente bem.	**Моему мужу плохо.** [mae'mʊ 'muʒu 'plohə]
O meu filho …	**Моему сыну …** [mae'mʊ 'sınʊ …]
O meu pai …	**Моему отцу …** [mae'mʊ at'ʦu …]

A minha mulher não se sente bem.	**Моей жене плохо.** [ma'ej ʒɛne 'plohə]
A minha filha …	**Моей дочери …** [ma'ej 'dotʃeri …]
A minha mãe …	**Моей матери …** [ma'ej 'materi …]

Tenho uma …	**У меня болит …** [u me'ɲa ba'lit …]
dor de cabeça	**голова** [gala'va]
dor de garganta	**горло** ['gorlə]
dor de barriga	**живот** [ʒı'vɔt]
dor de dentes	**зуб** [zup]

Estou com tonturas.	**У меня кружится голова.** [u me'ɲa kruʒitsa gala'va]
Ele está com febre.	**У него температура.** [u ne'vɔ tempera'tʊra]
Ela está com febre.	**У неё температура.** [u ne'o tempera'tʊra]
Não consigo respirar.	**Я не могу дышать.** [ja ne ma'gʊ dı'ʃʌtʲ]

Estou a sufocar.	**Я задыхаюсь.** [ja zadı'haʲusʲ]
Sou asmático /asmática/.	**Я астматик.** [ja ast'matik]
Sou diabético /diabética/.	**Я диабетик.** [ja dia'betik]

Estou com insónia.

У меня бессонница.
[u me'ɲa bes'sɔniʦa]

intoxicação alimentar

пищевое отравление
[piɕe'vɔe atrav'lenie]

Dói aqui.

Болит вот здесь.
[ba'lit vɔt zdesʲ]

Ajude-me!

Помогите!
[pama'gite!]

Estou aqui!

Я здесь!
[ja zdesʲ!]

Estamos aqui!

Мы здесь!
[mɪ zdesʲ!]

Tirem-me daqui!

Вытащите меня!
['vɪtaɕite me'ɲa!]

Preciso de um médico.

Мне нужен врач.
[mne 'nuʒən vratʃ]

Não me consigo mexer.

Я не могу двигаться.
[ja ne ma'gʊ 'dvigatsa]

Não consigo mover as pernas.

Я не чувствую ног.
[ja ne 'tʃustvʊʲʉ nɔk]

Estou ferido.

Я ранен /ранена/.
[ja 'ranen /'ranena/]

É grave?

Это серьезно?
['ɛtə se'rʲʲoznə?]

Tenho os documentos no bolso.

Мои документы в кармане.
[ma'i dakʊ'mentɪ v kar'mane]

Acalme-se!

Успокойтесь!
[uspa'kɔjtesʲ!]

Posso telefonar?

Могу я позвонить?
[ma'gʊ ja pazva'nitʲ?]

Chame uma ambulância!

Вызовите скорую!
[vɪzawite 'skɔrʊʲʉ!]

É urgente!

Это срочно!
['ɛtə 'srɔtʃnə!]

É uma emergência!

Это очень срочно!
['ɛtə 'ɔtʃenʲ 'srɔtʃnə!]

Mais depressa, por favor!

Пожалуйста, быстрее!
[pa'ʒaləstə, bɪst'ree!]

Chame o médico, por favor.

Вызовите врача, пожалуйста.
[vɪzawite vra'tʃa, pa'ʒaləstə]

Onde fica o hospital?

Скажите, где больница?
[ska'ʒite, gde balʲ'niʦa?]

Como se sente?

Как вы себя чувствуете?
[kak vɪ se'bʲa 'tʃustvʊete?]

Está tudo bem consigo?

С вами все в порядке?
[s 'vami vsʲɔ v pa'rʲatke?]

O que é que aconteceu?

Что случилось?
[ʃtɔ slu'tʃiləsʲ?]

65

Já me sinto melhor.	**Мне уже лучше.** [mne u'ʒe 'lutʃʃɛ]
Está tudo em ordem.	**Всё в порядке.** [vsʲo v pa'rʲatke]
Tubo bem.	**Всё хорошо.** [vsʲo hara'ʃɔ]

Na farmácia

farmácia	**Аптека** [ap'teka]
farmácia de serviço	**круглосуточная аптека** [krʊgla'sʊtətʃnəja ap'teka]
Onde fica a farmácia mais próxima?	**Где ближайшая аптека?** [gde bli'ʒajʃəja ap'teka?]
Está aberto agora?	**Она сейчас открыта?** [a'na se'tʃas atk'rıta?]
A que horas abre?	**Во сколько она открывается?** [va 'skɔlʲkə a'na atkrı'vaetsa?]
A que horas fecha?	**До которого часа она работает?** [dɔ ka'tɔrəvə 'tʃasa a'na ra'bɔtaet?]
Fica longe?	**Это далеко?** ['ɛtə dale'kɔ?]
Posso ir até lá a pé?	**Я дойду туда пешком?** [ja daj'dʊ tʊ'da peʃ'kɔm?]
Pode-me mostrar no mapa?	**Покажите мне на карте, пожалуйста.** [paka'ʒite mne na 'karte, pa'ʒaləstə]
Por favor dê-me algo para ...	**Дайте мне, что-нибудь от ...** ['dajte mne, ʃtɔ ni'bʊtʲ ɔt ...]
as dores de cabeça	**головной боли** [galav'nɔj 'bɔli]
a tosse	**кашля** ['kaʃʎa]
o resfriado	**простуды** [pras'tʊdı]
a gripe	**гриппа** ['gripa]
a febre	**температуры** [tempera'tʊrı]
uma dor de estômago	**боли в желудке** ['bɔli v ʒi'lutke]
as náuseas	**тошноты** [taʃna'tı]
a diarreia	**диареи** [dia'rei]
a constipação	**запора** [za'pɔra]
as dores nas costas	**боль в спине** [bɔlʲ v spi'ne]

as dores no peito	**боль в груди** ['bɔlʲ v grʊ'di]
a sutura	**боль в боку** [bɔlʲ v ba'kʊ]
as dores abdominais	**боль в животе** ['bɔlʲ v ʒiva'te]

comprimido	**таблетка** [tab'letka]
unguento, creme	**мазь, крем** [mazʲ, krem]
charope	**сироп** [si'rɔp]
spray	**спрей** [sprɛj]
dropes	**капли** ['kapli]

Você precisa de ir ao hospital.	**Вам нужно в больницу.** [vam 'nʊʒnə v balʲ'nitsu]
seguro de saúde	**страховка** [stra'hɔvka]
prescrição	**рецепт** [re'tsept]
repelente de insetos	**средство от насекомых** ['sredstvə at nase'kɔmɪh]
penso rápido	**лейкопластырь** [lejkə'plastɪrʲ]

O mínimo

Desculpe, ...
Извините, ...
[izwiˈnite, ...]

Olá!
Здравствуйте.
[ˈzdrastvʊjte]

Obrigado /Obrigada/.
Спасибо.
[spaˈsibə]

Adeus.
До свидания.
[da swiˈdanija]

Sim.
Да.
[da]

Não.
Нет.
[net]

Não sei.
Я не знаю.
[ja ne ˈznaʲʉ]

Onde? | Para onde? | Quando?
Где? | Куда? | Когда?
[gde? | kʊˈda? | kagˈda?]

Preciso de ...
Мне нужен ...
[mne ˈnʊʒən ...]

Eu queria ...
Я хочу ...
[ja haˈʧu ...]

Tem ...?
У вас есть ...?
[u vas estʲ ...?]

Há aqui ...?
Здесь есть ...?
[zdesʲ estʲ ...?]

Posso ...?
Я могу ...?
[ja maˈgʊ ...?]

..., por favor
пожалуйста
[paˈʒaləstə]

Estou à procura de ...
Я ищу ...
[ja iˈɕu ...]

casa de banho
туалет
[tʊaˈlet]

Multibanco
банкомат
[bankaˈmat]

farmácia
аптеку
[apˈtekʊ]

hospital
больницу
[balʲˈniʦu]

esquadra de polícia
полицейский участок
[paliˈʦɛjskij uˈʧastək]

metro
метро
[metˈrɔ]

táxi	**такси** [tak'si]
estação de comboio	**вокзал** [vak'zal]

Chamo-me ...	**Меня зовут ...** [mi'ɲa za'vʊt ...]
Como se chama?	**Как вас зовут?** [kak vas za'vʊt?]
Pode-me dar uma ajuda?	**Помогите мне, пожалуйста.** [pama'gite mne, pa'ʒaləstə]
Tenho um problema.	**У меня проблема.** [u me'ɲa prab'lema]
Não me sinto bem.	**Мне плохо.** [mne 'plɔhə]
Chame a ambulância!	**Вызовите скорую!** [vɪzawite 'skɔrʊʲʉ!]
Posso fazer uma chamada?	**Могу я позвонить?** [ma'gʊ ja pazva'nitʲ?]

Desculpe.	**Извините.** [izwi'nite]
De nada.	**Пожалуйста.** [pa'ʒaləstə]

eu	**я** [ja]
tu	**ты** [tɪ]
ele	**он** [ɔn]
ela	**она** [a'na]
eles	**они** [a'ni]
elas	**они** [a'ni]
nós	**мы** [mɪ]
vocês	**вы** [vɪ]
você	**Вы** [vɪ]

ENTRADA	**ВХОД** [vhɔt]
SAÍDA	**ВЫХОД** ['vɪhət]
FORA DE SERVIÇO	**НЕ РАБОТАЕТ** [ne ra'bɔtaet]
FECHADO	**ЗАКРЫТО** [zak'rɪtə]

ABERTO

ОТКРЫТО
[atk'rɪtə]

PARA SENHORAS

ДЛЯ ЖЕНЩИН
[dʎa 'ʒɛnɕin]

PARA HOMENS

ДЛЯ МУЖЧИН
[dʎa mʊ'ɕin]

DICIONÁRIO CONCISO

Esta secção contém mais
de 1.500 palavras úteis,
organizadas por ordem
alfabética. O dicionário inclui
muitos termos gastronômicos
e será útil quando pedir
comida num restaurante ou
comprar alimentos numa loja

T&P Books Publishing

CONTEÚDO DO DICIONÁRIO

T&P Books Publishing

1. Tempo. Calendário

tempo (m)	**время** (с)	[v'remʲa]
hora (f)	**час** (м)	[ʧas]
meia hora (f)	**полчаса** (мн)	[palʧe'sa]
minuto (m)	**минута** (ж)	[mi'nʊtə]
segundo (m)	**секунда** (ж)	[si'kʊndə]
hoje	**сегодня**	[si'vɔdɲa]
amanhã	**завтра**	['zaftrə]
ontem	**вчера**	[fʧi'ra]
segunda-feira (f)	**понедельник** (м)	[pani'deʎnik]
terça-feira (f)	**вторник** (м)	[f'tɔrnik]
quarta-feira (f)	**среда** (ж)	[sre'da]
quinta-feira (f)	**четверг** (м)	[ʧit'werk]
sexta-feira (f)	**пятница** (ж)	['pʲatniʦə]
sábado (m)	**суббота** (ж)	[sʊ'bɔtə]
domingo (m)	**воскресенье** (с)	[vaskri'seɲje]
dia (m)	**день** (м)	[deɲ]
dia (m) de trabalho	**рабочий день** (м)	[ra'bɔʧij deɲ]
feriado (m)	**празник** (м)	[p'raznik]
fim (m) de semana	**выходные** (мн)	[vɪhad'nɪe]
semana (f)	**неделя** (ж)	[ni'deʎa]
na semana passada	**на прошлой неделе**	[na p'rɔʃlaj ni'dele]
na próxima semana	**на следующей неделе**	[na sle'dʊɕej ni'dele]
nascer (m) do sol	**восход** (м) **солнца**	[vas'hɔt 'sɔnʦə]
pôr do sol (m)	**закат** (м)	[za'kat]
de manhã	**утром**	['utram]
à tarde	**после обеда**	['pɔsle a'bedə]
à noite (noitinha)	**вечером**	['weʧeram]
hoje à noite	**сегодня вечером**	[si'vɔdɲa 'weʧeram]
à noite	**ночью**	['nɔʧjy]
meia-noite (f)	**полночь** (ж)	['pɔlnaʧ]
janeiro (m)	**январь** (м)	[en'varʲ]
fevereiro (m)	**февраль** (м)	[fiv'raʎ]
março (m)	**март** (м)	[mart]
abril (m)	**апрель** (м)	[ap'reʎ]
maio (m)	**май** (м)	[maj]
junho (m)	**июнь** (м)	[i'juɲ]

julho (m)	**июль** (м)	[i'juʎ]
agosto (m)	**август** (м)	['avgʊst]
setembro (m)	**сентябрь** (м)	[sin'tʲabrʲ]
outubro (m)	**октябрь** (м)	[ak'tʲabrʲ]
novembro (m)	**ноябрь** (м)	[na'jabrʲ]
dezembro (m)	**декабрь** (м)	[di'kabrʲ]
na primavera	**весной**	[wis'nɔj]
no verão	**летом**	['letam]
no outono	**осенью**	['ɔseɲjy]
no inverno	**зимой**	[zi'mɔj]
mês (m)	**месяц** (м)	['mesiʦ]
estação (f)	**сезон** (м)	[si'zɔn]
ano (m)	**год** (м)	[gɔt]
século (m)	**век** (м)	[wek]

2. Números. Numeração

algarismo, dígito (m)	**цифра** (ж)	['ʦɪfrə]
número (m)	**число** (с)	[ʧis'lɔ]
menos (m)	**минус** (м)	['minʊs]
mais (m)	**плюс** (м)	[plys]
soma (f)	**сумма** (ж)	['sʊmmə]
primeiro	**первый**	['pervɪj]
segundo	**второй**	[fta'rɔj]
terceiro	**третий**	[t'retij]
zero	**ноль**	[nɔʎ]
um	**один**	[a'din]
dois	**два**	[dvə]
três	**три**	[tri]
quatro	**четыре**	[ʧi'tɪre]
cinco	**пять**	[pʲatʲ]
seis	**шесть**	[ʃəstʲ]
sete	**семь**	[semʲ]
oito	**восемь**	['vɔsemʲ]
nove	**девять**	['dewitʲ]
dez	**десять**	['desitʲ]
onze	**одиннадцать**	[a'dinaʦatʲ]
doze	**двенадцать**	[dwi'naʦatʲ]
treze	**тринадцать**	[tri'naʦatʲ]
catorze	**четырнадцать**	[ʧi'tɪrnaʦatʲ]
quinze	**пятнадцать**	[pit'naʦatʲ]
dezasseis	**шестнадцать**	[ʃɛs'naʦatʲ]
dezassete	**семнадцать**	[sim'naʦatʲ]

dezoito	**восемнадцать**	[vasem'natsatʲ]
dezanove	**девятнадцать**	[diwit'natsatʲ]
vinte	**двадцать**	[d'vatsatʲ]
trinta	**тридцать**	[t'ritsatʲ]
quarenta	**сорок**	['sɔrak]
cinquenta	**пятьдесят**	[pitʲdi'sʲat]
sessenta	**шестьдесят**	[ʃistʲdi'sʲat]
setenta	**семьдесят**	['semʲdisit]
oitenta	**восемьдесят**	['vɔsemʲdisit]
noventa	**девяносто**	[diwi'nɔstə]
cem	**сто**	[stɔ]
duzentos	**двести**	[d'westi]
trezentos	**триста**	[t'ristə]
quatrocentos	**четыреста**	[ʧi'tɪrestə]
quinhentos	**пятьсот**	[pi'tsɔt]
seiscentos	**шестьсот**	[ʃɛs'sɔt]
setecentos	**семьсот**	[simʲ'sɔt]
oitocentos	**восемьсот**	[vasemʲ'sɔt]
novecentos	**девятьсот**	[diwi'tsɔt]
mil	**тысяча**	['tɪsiʧə]
dez mil	**десять тысяч**	['desitʲ 'tɪsiʧ]
cem mil	**сто тысяч**	[stɔ 'tɪsiʧ]
um milhão	**миллион** (м)	[mili'ɔn]
mil milhões	**миллиард** (м)	[mili'art]

3. Humanos. Família

homem (m)	**мужчина** (м)	[mʊ'ɕinə]
jovem (m)	**юноша** (м)	['junaʃə]
adolescente (m)	**подросток** (м)	[pad'rɔstak]
mulher (f)	**женщина** (ж)	['ʒɛɲɕinə]
rapariga (f)	**девушка** (ж)	['devʊʃkə]
idade (f)	**возраст** (м)	['vɔzrast]
adulto	**взрослый**	[vz'rɔslɪj]
de meia-idade	**средних лет**	[s'rednih let]
de certa idade	**пожилой**	[paʒɪ'lɔj]
idoso	**старый**	[s'tarɪj]
velhote (m)	**старик** (м)	[sta'rik]
velhota (f)	**старая женщина** (м)	[s'taraja 'ʒɛɲɕinə]
reforma (f)	**пенсия** (ж)	['peɲsija]
reformar-se (vp)	**уйти на пенсию**	[uj'ti na 'peɲsiju]
reformado (m)	**пенсионер** (ж)	[piɲsia'ner]

mãe (f)	**мать** (ж)	[matʲ]
pai (m)	**отец** (м)	[a'tets]
filho (m)	**сын** (м)	[sɪn]
filha (f)	**дочь** (ж)	[dɔtʃ]
irmão (m)	**брат** (м)	[brat]
irmã (f)	**сестра** (ж)	[sist'ra]
pais (pl)	**родители** (мн)	[ra'diteli]
criança (f)	**ребёнок** (м)	[ri'bɜnak]
crianças (f pl)	**дети** (мн)	['deti]
madrasta (f)	**мачеха** (ж)	['matʃehə]
padrasto (m)	**отчим** (м)	['ɔtʃim]
avó (f)	**бабушка** (ж)	['babʊʃkə]
avô (m)	**дедушка** (м)	['dedʊʃkə]
neto (m)	**внук** (м)	[vnʊk]
neta (f)	**внучка** (ж)	[v'nʊtʃkə]
netos (pl)	**внуки** (мн)	[v'nʊki]
tio (m)	**дядя** (м)	['dʲadʲa]
tia (f)	**тётя** (ж)	['tɜtʲa]
sobrinho (m)	**племянник** (м)	[pli'mʲanik]
sobrinha (f)	**племянница** (ж)	[pli'mʲanitsə]
mulher (f)	**жена** (ж)	[ʒɪ'na]
marido (m)	**муж** (м)	[mʊʃ]
casado	**женатый**	[ʒɪ'natɪj]
casada	**замужняя**	[za'mʊʒnija]
viúva (f)	**вдова** (ж)	[vda'va]
viúvo (m)	**вдовец** (м)	[vda'wets]
nome (m)	**имя** (с)	['imʲa]
apelido (m)	**фамилия** (ж)	[fa'milija]
parente (m)	**родственник** (м)	['rɔtstwenik]
amigo (m)	**друг** (м)	[drʊk]
amizade (f)	**дружба** (ж)	[d'rʊʒbə]
parceiro (m)	**партнёр** (м)	[part'nɜr]
superior (m)	**начальник** (м)	[na'tʃaʎnik]
colega (m)	**коллега** (м)	[ka'legə]
vizinhos (pl)	**соседи** (мн)	[sa'sedi]

4. Corpo humano

organismo (m)	**организм** (м)	[arga'nizm]
corpo (m)	**тело** (с)	['telə]
coração (m)	**сердце** (с)	['sertse]
sangue (m)	**кровь** (ж)	[krɔfʲ]
cérebro (m)	**мозг** (м)	[mɔsk]

nervo (m)	**нерв** (м)	[nerf]
osso (m)	**кость** (ж)	[kɔstʲ]
esqueleto (m)	**скелет** (м)	[ski'let]
coluna (f) vertebral	**позвоночник** (м)	[pazva'nɔʧnik]
costela (f)	**ребро** (с)	[rib'rɔ]
crânio (m)	**череп** (м)	['ʧerep]
músculo (m)	**мышца** (ж)	['mɪʃtsə]
pulmões (m pl)	**лёгкие** (мн)	['lɜɦkie]
pele (f)	**кожа** (ж)	['kɔʒə]
cabeça (f)	**голова** (ж)	[gala'va]
cara (f)	**лицо** (с)	[li'tsɔ]
nariz (m)	**нос** (м)	[nɔs]
testa (f)	**лоб** (м)	[lɔp]
bochecha (f)	**щека** (ж)	[ɕi'ka]
boca (f)	**рот** (м)	[rɔt]
língua (f)	**язык** (м)	[ja'zɪk]
dente (m)	**зуб** (м)	[zup]
lábios (m pl)	**губы** (мн)	['gʊbɪ]
queixo (m)	**подбородок** (м)	[padba'rɔdak]
orelha (f)	**ухо** (с)	['uhə]
pescoço (m)	**шея** (ж)	[ʃəja]
garganta (f)	**горло** (с)	['gɔrlə]
olho (m)	**глаз** (м)	[glas]
pupila (f)	**зрачок** (м)	[zra'ʧɔk]
sobrancelha (f)	**бровь** (ж)	[brɔfʲ]
pestana (f)	**ресница** (ж)	[ris'nitsə]
cabelos (m pl)	**волосы** (мн)	['vɔlasɪ]
penteado (m)	**причёска** (ж)	[pri'ʧɔskə]
bigode (m)	**усы** (м мн)	[u'sɪ]
barba (f)	**борода** (ж)	[bara'da]
usar, ter (~ barba, etc.)	**носить**	[na'sitʲ]
calvo	**лысый**	['lɪsɪj]
mão (f)	**кисть** (ж)	[kistʲ]
braço (m)	**рука** (ж)	[rʊ'ka]
dedo (m)	**палец** (м)	['palets]
unha (f)	**ноготь** (м)	['nɔgatʲ]
palma (f) da mão	**ладонь** (ж)	[la'dɔɲ]
ombro (m)	**плечо** (с)	[pli'ʧɔ]
perna (f)	**нога** (ж)	[na'ga]
pé (m)	**ступня** (ж)	[stʊp'ɲa]
joelho (m)	**колено** (с)	[ka'lenə]
talão (m)	**пятка** (ж)	['pʲatkə]
costas (f pl)	**спина** (ж)	[spi'na]
cintura (f)	**талия** (ж)	['talija]

sinal (m)	родинка (ж)	['rɔdinkə]
sinal (m) de nascença	родимое пятно (c)	[ra'dimɑe pit'nɔ]

5. Medicina. Doenças. Drogas

saúde (f)	здоровье (c)	[zda'rɔvje]
são	здоровый	[zda'rɔvɪj]
doença (f)	болезнь (ж)	[ba'lezɲ]
estar doente	болеть	[ba'letʲ]
doente	больной	[baʎ'nɔj]
constipação (f)	простуда (ж)	[pras'tʊdə]
constipar-se (vp)	простудиться	[prastʊ'ditsə]
amigdalite (f)	ангина (ж)	[a'ɲinə]
pneumonia (f)	воспаление (c) лёгких	[vaspa'lenie 'lɜhkih]
gripe (f)	грипп (м)	[grip]
nariz (m) a escorrer	насморк (м)	['nasmark]
tosse (f)	кашель (м)	['kaʃəʎ]
tossir (vi)	кашлять	['kaʃlitʲ]
espirrar (vi)	чихать	[ʧi'hatʲ]
AVC (m), apoplexia (f)	инсульт (м)	[in'sʊʎt]
ataque (m) cardíaco	инфаркт (м)	[in'farkt]
alergia (f)	аллергия (ж)	[alir'gija]
asma (f)	астма (ж)	['astmə]
diabetes (f)	диабет (м)	[dia'bet]
tumor (m)	опухоль (ж)	['ɔpʊhaʎ]
cancro (m)	рак (м)	[rak]
alcoolismo (m)	алкоголизм (м)	[alkaga'lizm]
SIDA (f)	СПИД (м)	[spit]
febre (f)	лихорадка (ж)	[liha'ratkə]
enjoo (m)	морская болезнь (ж)	[mars'kaja ba'lezɲ]
nódoa (f) negra	синяк (м)	[si'ɲak]
galo (m)	шишка (ж)	['ʃiʃkə]
coxear (vi)	хромать	[hra'matʲ]
deslocação (f)	вывих (м)	['vɪwih]
deslocar (vt)	вывихнуть	['vɪwihnʊtʲ]
fratura (f)	перелом (м)	[pere'lɔm]
queimadura (f)	ожог (м)	[a'ʒɔk]
lesão (m)	повреждение (c)	[pavreʒ'denie]
dor (f)	боль (ж)	[bɔʎ]
dor (f) de dentes	зубная боль (ж)	[zub'naja bɔʎ]
suar (vi)	потеть	[pa'tetʲ]
surdo	глухой	[glu'hɔj]
mudo	немой	[ni'mɔj]

imunidade (f)	**иммунитет** (м)	[imʊni'tet]
vírus (m)	**вирус** (м)	['wirʊs]
micróbio (m)	**микроб** (м)	[mik'rɔp]
bactéria (f)	**бактерия** (ж)	[bak'tɛrija]
infeção (f)	**инфекция** (ж)	[in'fektsɪja]
hospital (m)	**больница** (ж)	[baʎ'nitsə]
cura (f)	**лечение** (с)	[li'tʃenie]
vacinar (vt)	**делать прививку**	['delatʲ pri'wifkʊ]
estar em coma	**быть в коме**	[bɪtʲ f 'kɔme]
reanimação (f)	**реанимация** (ж)	[riani'matsɪja]
sintoma (m)	**симптом** (м)	[simp'tɔm]
pulso (m)	**пульс** (м)	[pʊʎs]

6. Sentimentos. Emoções. Conversação

eu	**я**	[ja]
tu	**ты**	[tɪ]
ele	**он**	[ɔn]
ela	**она**	[a'na]
ele, ela	**оно**	[a'nɔ]
nós	**мы**	[mɪ]
vocês	**вы**	[vɪ]
eles, -as	**они**	[a'ni]
Olá!	**Здравствуй!**	[zd'rastvʊj]
Bom dia! (formal)	**Здравствуйте!**	[zd'rastvʊjte]
Bom dia! (de manhã)	**Доброе утро!**	['dɔbrae 'utra]
Boa tarde!	**Добрый день!**	['dɔbrɪj deɲ]
Boa noite!	**Добрый вечер!**	['dɔbrɪj 'wetʃer]
cumprimentar (vt)	**здороваться**	[zda'rɔvatsə]
saudar (vt)	**приветствовать**	[pri'wetstvavatʲ]
Como vai?	**Как у вас дела?**	[kak u vas di'la]
Como vais?	**Как дела?**	[kak di'la]
Até à vista!	**До свидания!**	[da swi'danija]
Obrigado! -a!	**Спасибо!**	[spa'siba]
sentimentos (m pl)	**чувства** (с мн)	['tʃustvə]
ter fome	**хотеть есть**	[ha'tetʲ 'estʲ]
ter sede	**хотеть пить**	[ha'tetʲ 'pitʲ]
cansado	**усталый**	[us'talɪj]
preocupar-se (vp)	**беспокоиться**	[bispa'kɔitsə]
estar nervoso	**нервничать**	['nervnitʃatʲ]
esperança (f)	**надежда** (ж)	[na'deʒdə]
esperar (vt)	**надеяться**	[na'deitsə]
caráter (m)	**характер** (м)	[ha'rakter]
modesto	**скромный**	[sk'rɔmnɪj]

preguiçoso	ленивый	[li'nivɪj]
generoso	щедрый	['ɕedrɪj]
talentoso	талантливый	[ta'lantlivɪj]

honesto	честный	['tʃesnɪj]
sério	серьёзный	[si'rjoznɪj]
tímido	робкий	['rɔpkij]
sincero	искренний	['iskrenij]
cobarde (m)	трус (м)	[trʊs]

dormir (vi)	спать	[spatʲ]
sonho (m)	сон (м)	[sɔn]
cama (f)	кровать (ж)	[kra'vatʲ]
almofada (f)	подушка (ж)	[pa'dʊʃkə]

insónia (f)	бессонница (ж)	[bi'sɔnitsə]
ir para a cama	идти спать	[it'ti s'patʲ]
pesadelo (m)	кошмар (м)	[kaʃ'mar]
despertador (m)	будильник (м)	[bʊ'diʎnik]

sorriso (m)	улыбка (ж)	[u'lɪpkə]
sorrir (vi)	улыбаться	[ulɪ'batsə]
rir (vi)	смеяться	[smi'jatsə]

discussão (f)	ссора (ж)	[s'sɔrə]
insulto (m)	оскорбление (с)	[askarb'lenie]
ofensa (f)	обида (ж)	[a'bidə]
zangado	сердитый	[sir'ditɪj]

7. Vestuário. Acessórios pessoais

roupa (f)	одежда (ж)	[a'deʒdə]
sobretudo (m)	пальто (с)	[paʎ'tɔ]
casaco (m) de peles	шуба (ж)	['ʃubə]
casaco, blusão (m)	куртка (ж)	['kʊrtkə]
impermeável (m)	плащ (м)	[plaɕ]

camisa (f)	рубашка (ж)	[rʊ'baʃkə]
calças (f pl)	брюки (мн)	[b'ryki]
casaco (m) de fato	пиджак (м)	[pi'dʒak]
fato (m)	костюм (м)	[kas'tym]

vestido (ex. ~ vermelho)	платье (с)	[p'latje]
saia (f)	юбка (ж)	['jupkə]
T-shirt, camiseta (f)	футболка (ж)	[fʊd'bɔlkə]
roupão (m) de banho	халат (м)	[ha'lat]
pijama (m)	пижама (ж)	[pi'ʒamə]
roupa (f) de trabalho	рабочая одежда (ж)	[ra'bɔtʃija a'deʒdə]
roupa (f) interior	бельё (с)	[bi'ʎjo]
peúgas (f pl)	носки (мн)	[nas'ki]

sutiã (m)	**бюстгальтер** (м)	[bys'gaʎtɛr]
meias-calças (f pl)	**колготки** (мн)	[kal'gɔtki]
meias (f pl)	**чулки** (мн)	[ʧul'ki]
fato (m) de banho	**купальник** (м)	[kʊ'paʎnik]
chapéu (m)	**шапка** (ж)	['ʃʌpkə]
calçado (m)	**обувь** (ж)	['ɔbʊfʲ]
botas (f pl)	**сапоги** (мн)	[sapa'gi]
salto (m)	**каблук** (м)	[kab'luk]
atacador (m)	**шнурок** (м)	[ʃnʊ'rɔk]
graxa (f) para calçado	**крем** (м) **для обуви**	[krem dʎa 'ɔbʊwi]
algodão (m)	**хлопок** (м)	[h'lɔpak]
lã (f)	**шерсть** (ж)	[ʃərstʲ]
pele (f)	**мех** (м)	[meh]
luvas (f pl)	**перчатки** (ж мн)	[pir'ʧatki]
mitenes (f pl)	**варежки** (ж мн)	['variʃki]
cachecol (m)	**шарф** (м)	[ʃʌrf]
óculos (m pl)	**очки** (мн)	[aʧ'ki]
guarda-chuva (m)	**зонт** (м)	[zɔnt]
gravata (f)	**галстук** (м)	['galstʊk]
lenço (m)	**носовой платок** (м)	[nasa'vɔj pla'tɔk]
pente (m)	**расчёска** (ж)	[ra'ɕɜskə]
escova (f) para o cabelo	**щётка** (ж) **для волос**	['ɕɜtka dʎa va'lɔs]
fivela (f)	**пряжка** (ж)	[p'rʲaʃkə]
cinto (m)	**пояс** (м)	['pɔis]
bolsa (f) de senhora	**сумочка** (ж)	['sʊmaʧkə]
colarinho (m), gola (f)	**воротник** (м)	[varat'nik]
bolso (m)	**карман** (м)	[kar'man]
manga (f)	**рукав** (м)	[rʊ'kaf]
braguilha (f)	**ширинка** (ж)	[ʃɪ'rinkə]
fecho (m) de correr	**молния** (ж)	['mɔlnija]
botão (m)	**пуговица** (ж)	['pʊgawitsə]
sujar-se (vp)	**испачкаться**	[is'paʧkatsə]
mancha (f)	**пятно** (с)	[pit'nɔ]

8. Cidade. Instituições urbanas

loja (f)	**магазин** (м)	[maga'zin]
centro (m) comercial	**торговый центр** (м)	[tar'gɔvɪj tsəntr]
supermercado (m)	**супермаркет** (м)	[sʊper'market]
sapataria (f)	**обувной магазин** (м)	[abʊv'nɔj maga'zin]
livraria (f)	**книжный магазин** (м)	[k'niʒnɪj maga'zin]
farmácia (f)	**аптека** (ж)	[ap'tekə]
padaria (f)	**булочная** (ж)	['bʊlaʧnaja]

pastelaria (f)	кондитерская (ж)	[kan'diterskaja]
mercearia (f)	бакалея (ж)	[baka'leja]
talho (m)	мясная лавка (ж)	[mʲas'naja 'lafkə]
loja (f) de legumes	овощная лавка (ж)	[avɐç'naja 'lafkə]
mercado (m)	рынок (м)	['rınak]
salão (m) de cabeleireiro	парикмахерская (ж)	[parih'maherskaja]
correios (m pl)	почта (ж)	['pɔʧtə]
lavandaria (f)	химчистка (ж)	[him'ʧistkə]
circo (m)	цирк (м)	[tsırk]
jardim (m) zoológico	зоопарк (м)	[zaa'park]
teatro (m)	театр (м)	[ti'atr]
cinema (m)	кинотеатр (м)	[kinati'atr]
museu (m)	музей (м)	[mʊ'zej]
biblioteca (f)	библиотека (ж)	[biblia'tekə]
mesquita (f)	мечеть (ж)	[mi'ʧetʲ]
sinagoga (f)	синагога (ж)	[sina'gɔgə]
catedral (f)	собор (м)	[sa'bɔr]
templo (m)	храм (м)	[hram]
igreja (f)	церковь (ж)	['tsɘrkafʲ]
instituto (m)	институт (м)	[insti'tʊt]
universidade (f)	университет (м)	[uniwersi'tet]
escola (f)	школа (ж)	[ʃ'kɔlə]
hotel (m)	гостиница (ж)	[gas'tinitsə]
banco (m)	банк (м)	[bank]
embaixada (f)	посольство (с)	[pa'sɔʎstvə]
agência (f) de viagens	турагентство (с)	[tʊra'genstvə]
metro (m)	метро (с)	[mit'rɔ]
hospital (m)	больница (ж)	[baʎ'nitsə]
posto (m) de gasolina	бензозаправка (ж)	[binzazap'rafkə]
parque (m) de estacionamento	стоянка (ж)	[sta'jankə]
ENTRADA	ВХОД	[vhɔt]
SAÍDA	ВЫХОД	['vıhat]
EMPURRE	ОТ СЕБЯ	[at se'bʲa]
PUXE	НА СЕБЯ	[na se'bʲa]
ABERTO	ОТКРЫТО	[atk'rıtə]
FECHADO	ЗАКРЫТО	[zak'rıtə]
monumento (m)	памятник (м)	['pamitnik]
fortaleza (f)	крепость (ж)	[k'repastʲ]
palácio (m)	дворец (м)	[dva'rets]
medieval	средневековый	[sredniwi'kɔvıj]
antigo	старинный	[sta'rinnıj]
nacional	национальный	[natsıa'naʎnıj]
conhecido	известный	[iz'wesnıj]

9. Dinheiro. Finanças

dinheiro (m)	**деньги** (мн)	['deɲgi]
moeda (f)	**монета** (ж)	[ma'netə]
dólar (m)	**доллар** (м)	['dɔllar]
euro (m)	**евро** (с)	['evrə]
Caixa Multibanco (m)	**банкомат** (м)	[banka'mat]
casa (f) de câmbio	**обменный пункт** (м)	[ab'mennɪj pʊnkt]
taxa (f) de câmbio	**курс** (м)	[kʊrs]
dinheiro (m) vivo	**наличные деньги** (мн)	[na'liʧnɪe 'deɲgi]
Quanto?	**Сколько?**	[s'kɔʎka]
pagar (vt)	**платить**	[pla'titʲ]
pagamento (m)	**оплата** (ж)	[ap'latə]
troco (m)	**сдача** (ж)	[z'daʧə]
preço (m)	**цена** (ж)	[ʦɪ'na]
desconto (m)	**скидка** (ж)	[s'kitkə]
barato	**дешёвый**	[di'ʃɔvɪj]
caro	**дорогой**	[dara'gɔj]
banco (m)	**банк** (м)	[bank]
conta (f)	**счёт** (м)	['ɕɜt]
cartão (m) de crédito	**кредитная карта** (ж)	[kri'ditnaja 'kartə]
cheque (m)	**чек** (м)	[ʧek]
passar um cheque	**выписать чек**	['vɪpisatʲ ʧek]
livro (m) de cheques	**чековая книжка** (ж)	['ʧekavaja k'niʃkə]
dívida (f)	**долг** (м)	[dɔlk]
devedor (m)	**должник** (м)	[daʤ'nik]
emprestar (vt)	**дать в долг**	[datʲ v 'dɔlk]
pedir emprestado	**взять в долг**	[vzʲatʲ v 'dɔlk]
alugar (vestidos, etc.)	**взять напрокат**	[vzʲatʲ napra'kat]
a crédito	**в кредит**	[f kre'dit]
carteira (f)	**бумажник** (м)	[bʊ'maʒnik]
cofre (m)	**сейф** (м)	[sɛjf]
herança (f)	**наследство** (с)	[nas'leʦtvə]
fortuna (riqueza)	**состояние** (с)	[sasta'janie]
imposto (m)	**налог** (м)	[na'lɔk]
multa (f)	**штраф** (м)	[ʃtraf]
multar (vt)	**штрафовать**	[ʃtrafa'vatʲ]
grossista	**оптовый**	[ap'tɔvɪj]
a retalho	**розничный**	['rɔzniʧnɪj]
fazer um seguro	**страховать**	[straha'vatʲ]
seguro (m)	**страховка** (ж)	[stra'hɔfkə]
capital (m)	**капитал** (м)	[kapi'tal]
volume (m) de negócios	**оборот** (м)	[aba'rɔt]

ação (f)	акция (ж)	['aktsıja]
lucro (m)	прибыль (ж)	[p'ribıʎ]
lucrativo	прибыльный	[p'ribıʎnıj]

crise (f)	кризис (м)	[k'rizis]
bancarrota (f)	банкротство (с)	[bank'rɔtstvə]
entrar em falência	обанкротиться	[abank'rɔtitsə]

contabilista (m)	бухгалтер (м)	[bʊ'galter]
salário, ordenado (m)	заработная плата (ж)	['zarabatnaja p'latə]
prémio (m)	премия (ж)	[p'remija]

10. Transportes

autocarro (m)	автобус (м)	[af'tɔbʊs]
elétrico (m)	трамвай (м)	[tram'vaj]
troleicarro (m)	троллейбус (м)	[tra'lejbʊs]

ir de ... (carro, etc.)	ехать на ...	['ehatʲ na]
entrar (~ no autocarro)	сесть на ...	[sestʲ na]
descer de ...	сойти с ...	[saj'ti s]

paragem (f)	остановка (ж)	[asta'nɔfkə]
ponto (m) final	конечная остановка (ж)	[ka'netʃnaja asta'nɔfkə]
horário (m)	расписание (с)	[raspi'sanie]
bilhete (m)	билет (м)	[bi'let]
atrasar-se (vp)	опаздывать на ...	[a'pazdıvatʲ na]

táxi (m)	такси (с)	[tak'si]
de táxi (ir ~)	на такси	[na tak'si]
praça (f) de táxis	стоянка (ж) такси	[sta'janka tak'si]

tráfego (m)	уличное движение (с)	['ulitʃnae dwi'ʒɛnie]
horas (f pl) de ponta	часы пик (м)	[tʃə'sı pik]
estacionar (vi)	парковаться	[parka'vatsə]

metro (m)	метро (с)	[mit'rɔ]
estação (f)	станция (ж)	[s'tantsija]
comboio (m)	поезд (м)	['pɔezt]
estação (f)	вокзал (м)	[vak'zal]
trilhos (m pl)	рельсы (мн)	['reʎsı]
compartimento (m)	купе (с)	[kʊ'pɛ]
cama (f)	полка (ж)	['pɔlkə]

avião (m)	самолёт (м)	[sama'lɜt]
bilhete (m) de avião	авиабилет (м)	[awiabi'let]
companhia (f) aérea	авиакомпания (ж)	[awiakam'panija]
aeroporto (m)	аэропорт (м)	[aəra'pɔrt]
voo (m)	полёт (м)	[pa'lɜt]
bagagem (f)	багаж (м)	[ba'gaʃ]

carrinho (m)	тележка (ж) для багажа	[ti'leʃkɑ dʎa bɑgɑ'ʒɑ]
navio (m)	корабль (м)	[kɑ'rɑbʎ]
transatlântico (m)	лайнер (м)	['lɑjner]
iate (m)	яхта (ж)	['jɑhtə]
bote, barco (m)	лодка (ж)	['lɔtkə]
capitão (m)	капитан (м)	[kɑpi'tɑn]
camarote (m)	каюта (ж)	[kɑ'jutə]
porto (m)	порт (м)	[pɔrt]
bicicleta (f)	велосипед (м)	[wilɑsi'pet]
scotter, lambreta (f)	мотороллер (м)	[mɑtɑ'rɔler]
mota (f)	мотоцикл (м)	[mɑtɑ'tsɪkl]
pedal (m)	педаль (ж)	[pi'dɑʎ]
bomba (f) de ar	насос (м)	[nɑ'sɔs]
roda (f)	колесо (c)	[kɑle'sɔ]
carro, automóvel (m)	автомобиль (м)	[ɑftɑmɑ'biʎ]
ambulância (f)	скорая помощь (ж)	[s'kɔrɑjɑ 'pɔmɑɕ]
camião (m)	грузовик (м)	[grʊzɑ'wik]
usado	подержанный	[pɑ'derʒenɪj]
acidente (m) de carro	авария (ж)	[ɑ'vɑrijɑ]
reparação (f)	ремонт (м)	[ri'mɔnt]

11. Comida. Parte 1

carne (f)	мясо (c)	['mʲɑsə]
galinha (f)	курица (ж)	['kʊritsə]
pato (m)	утка (ж)	['utkə]
carne (f) de porco	свинина (ж)	[swi'ninə]
carne (f) de vitela	телятина (ж)	[ti'ʎatinə]
carne (f) de carneiro	баранина (ж)	[bɑ'rɑninə]
carne (f) de vaca	говядина (ж)	[gɑ'vʲadinə]
chouriço (m)	колбаса (ж)	[kɑlbɑ'sɑ]
ovo (m)	яйцо (c)	[jɑj'tsɔ]
peixe (m)	рыба (ж)	['rɪbə]
queijo (m)	сыр (м)	[sɪr]
açúcar (m)	сахар (м)	['sɑhɑr]
sal (m)	соль (ж)	[sɔʎ]
arroz (m)	рис (м)	[ris]
massas (f pl)	макароны (мн)	[mɑkɑ'rɔnɪ]
manteiga (f)	сливочное масло (c)	[s'livɑtʃnɑe 'mɑslə]
óleo (m)	растительное масло (c)	[rɑs'titeʎnɑe 'mɑslə]
pão (m)	хлеб (м)	[hlep]
chocolate (m)	шоколад (м)	[ʃʎkɑ'lat]
vinho (m)	вино (c)	[wi'nɔ]
café (m)	кофе (м)	['kɔfe]

leite (m)	**молоко** (с)	[mala'kɔ]
sumo (m)	**сок** (м)	[sɔk]
cerveja (f)	**пиво** (с)	['pivə]
chá (m)	**чай** (м)	[ʧaj]
tomate (m)	**помидор** (м)	[pami'dɔr]
pepino (m)	**огурец** (м)	[agʊ'reʦ]
cenoura (f)	**морковь** (ж)	[mar'kɔfʲ]
batata (f)	**картофель** (м)	[kar'tɔfeʎ]
cebola (f)	**лук** (м)	[luk]
alho (m)	**чеснок** (м)	[ʧis'nɔk]
couve (f)	**капуста** (ж)	[ka'pʊstə]
beterraba (f)	**свёкла** (ж)	['swɜklə]
beringela (f)	**баклажан** (м)	[bakla'ʒan]
funcho, endro (m)	**укроп** (м)	[uk'rɔp]
alface (f)	**салат** (м)	[sa'lat]
milho (m)	**кукуруза** (ж)	[kʊkʊ'rʊzə]
fruta (f)	**фрукт** (м)	[frʊkt]
maçã (f)	**яблоко** (с)	['jablakə]
pera (f)	**груша** (ж)	[g'rʊʃə]
limão (m)	**лимон** (м)	[li'mɔn]
laranja (f)	**апельсин** (м)	[apiʎ'sin]
morango (m)	**клубника** (ж)	[klub'nikə]
ameixa (f)	**слива** (ж)	[s'livə]
framboesa (f)	**малина** (ж)	[ma'linə]
ananás (m)	**ананас** (м)	[ana'nas]
banana (f)	**банан** (м)	[ba'nan]
melancia (f)	**арбуз** (м)	[ar'bʊs]
uva (f)	**виноград** (м)	[winag'rat]
meloa (f)	**дыня** (ж)	['dɪɲa]

12. Comida. Parte 2

cozinha (~ portuguesa)	**кухня** (ж)	['kʊhɲa]
receita (f)	**рецепт** (м)	[ri'ʦəpt]
comida (f)	**еда** (ж)	[e'da]
tomar o pequeno-almoço	**завтракать**	['zaftrakatʲ]
almoçar (vi)	**обедать**	[a'bedatʲ]
jantar (vi)	**ужинать**	['uʒɪnatʲ]
sabor, gosto (m)	**вкус** (м)	[fkʊs]
gostoso	**вкусный**	[f'kʊsnɪj]
frio	**холодный**	[ha'lɔdnɪj]
quente	**горячий**	[ga'rʲaʧij]
doce (açucarado)	**сладкий**	[s'latkij]
salgado	**солёный**	[sa'lɜnɪj]

sandes (f)	**бутерброд** (м)	[bʊterb'rɔt]
conduto (m)	**гарнир** (м)	[gɑr'nir]
recheio (m)	**начинка** (ж)	[nɑ'ʧinkə]
molho (m)	**соус** (м)	['sɔus]
pedaço (~ de bolo)	**кусок** (м)	[kʊ'sɔk]
dieta (f)	**диета** (ж)	[di'etə]
vitamina (f)	**витамин** (м)	[witɑ'min]
caloria (f)	**калория** (ж)	[kɑ'lɔrija]
vegetariano (m)	**вегетарианец** (м)	[wigitɑri'ɑnets]
restaurante (m)	**ресторан** (м)	[ristɑ'rɑn]
café (m)	**кофейня** (ж)	[kɑ'fejɲa]
apetite (m)	**аппетит** (м)	[ɑpi'tit]
Bom apetite!	**Приятного аппетита!**	[pri'jatnɑvɑ ɑpe'titɑ]
empregado (m) de mesa	**официант** (м)	[ɑfitsɪ'ɑnt]
empregada (f) de mesa	**официантка** (ж)	[ɑfitsɪ'ɑntkə]
barman (m)	**бармен** (м)	[bɑr'men]
ementa (f)	**меню** (с)	[mi'ny]
colher (f)	**ложка** (ж)	['lɔʃkə]
faca (f)	**нож** (м)	[nɔʃ]
garfo (m)	**вилка** (ж)	['wilkə]
chávena (f)	**чашка** (ж)	['ʧaʃkə]
prato (m)	**тарелка** (ж)	[tɑ'relkə]
pires (m)	**блюдце** (с)	[b'lytse]
guardanapo (m)	**салфетка** (ж)	[sɑl'fetkə]
palito (m)	**зубочистка** (ж)	[zubɑ'ʧistkə]
pedir (vt)	**заказать**	[zɑkɑ'zɑtʲ]
prato (m)	**блюдо** (с)	[b'lydə]
porção (f)	**порция** (ж)	['pɔrtsɪja]
entrada (f)	**закуска** (ж)	[zɑ'kʊskə]
salada (f)	**салат** (м)	[sɑ'lɑt]
sopa (f)	**суп** (м)	[sʊp]
sobremesa (f)	**десерт** (м)	[di'sert]
doce (m)	**варенье** (с)	[vɑ'reɲje]
gelado (m)	**мороженое** (с)	[mɑ'rɔʒnɑe]
conta (f)	**счёт** (м)	['ɕɜt]
pagar a conta	**оплатить счёт**	[ɑplɑ'titʲ 'ɕɜt]
gorjeta (f)	**чаевые** (мн)	[ʧii'vɪe]

13. Casa. Apartamento. Parte 1

casa (f)	**дом** (м)	[dɔm]
casa (f) de campo	**загородный дом** (м)	['zagɑrɑdnɪj dɔm]

vila (f)	**вилла** (ж)	['willə]
andar (m)	**этаж** (м)	[ɛ'taʃ]
entrada (f)	**подъезд** (м)	[pad'h'ezt]
parede (f)	**стена** (ж)	[sti'na]
telhado (m)	**крыша** (ж)	[k'rıʃə]
chaminé (f)	**труба** (ж)	[trʊ'ba]
sótão (m)	**чердак** (м)	[ʧir'dak]
janela (f)	**окно** (с)	[ak'nɔ]
parapeito (m)	**подоконник** (м)	[pada'kɔnnik]
varanda (f)	**балкон** (м)	[bal'kɔn]
escada (f)	**лестница** (ж)	['lesnitsə]
caixa (f) de correio	**почтовый ящик** (м)	[paʧ'tɔvıj 'jaɕik]
caixote (m) do lixo	**мусорный бак** (м)	['mʊsarnıj bak]
elevador (m)	**лифт** (м)	[lift]
eletricidade (f)	**электричество** (с)	[ɛlekt'riʧestvə]
lâmpada (f)	**лампочка** (ж)	['lampaʧkə]
interruptor (m)	**выключатель** (м)	[vıkly'ʧateʎ]
tomada (f)	**розетка** (ж)	[ra'zetkə]
fusível (m)	**предохранитель** (м)	[pridahra'niteʎ]
porta (f)	**дверь** (ж)	[dwerʲ]
maçaneta (f)	**ручка** (ж)	['rʊʧkə]
chave (f)	**ключ** (м)	[klyʧ]
tapete (m) de entrada	**коврик** (м)	['kɔvrik]
fechadura (f)	**замок** (м)	[za'mɔk]
campainha (f)	**звонок** (м)	[zva'nɔk]
batida (f)	**стук** (м)	[stʊk]
bater (vi)	**стучать**	[stʊ'ʧatʲ]
vigia (f), olho (m) mágico	**глазок** (м)	[gla'zɔk]
pátio (m)	**двор** (м)	[dvɔr]
jardim (m)	**сад** (м)	[sat]
piscina (f)	**бассейн** (м)	[ba'sɛjn]
ginásio (m)	**тренажёрный зал** (м)	[trina'ʒɔrnıj zal]
campo (m) de ténis	**теннисный корт** (м)	['tɛnisnıj kɔrt]
garagem (f)	**гараж** (м)	[ga'raʃ]
propriedade (f) privada	**частная собственность** (ж)	['ʧasnaja 'sɔpstwenastʲ]
sinal (m) de aviso	**предупреждающая надпись** (ж)	[pridʊpriʒ'dajuɕəja 'natpisʲ]
guarda (f)	**охрана** (ж)	[ah'ranə]
guarda (m)	**охранник** (м)	[ah'rannik]
renovação (f)	**ремонт** (м)	[ri'mɔnt]
renovar (vt), fazer obras	**делать ремонт**	['delatʲ re'mɔnt]
arranjar (vt)	**приводить в порядок**	[priva'ditʲ f pa'rʲadak]
pintar (vt)	**красить**	[k'rasitʲ]

papel (m) de parede	**обои** (мн)	[ɑ'bɔi]
envernizar (vt)	**покрывать лаком**	[pakrı'vatʲ 'lakam]
tubo (m)	**труба** (ж)	[trʊ'ba]
ferramentas (f pl)	**инструменты** (м мн)	[instrʊ'mentı]
cave (f)	**подвал** (м)	[pad'val]
sistema (m) de esgotos	**канализация** (ж)	[kanali'zatsıja]

14. Casa. Apartamento. Parte 2

apartamento (m)	**квартира** (ж)	[kvar'tirə]
quarto (m)	**комната** (ж)	['kɔmnatə]
quarto (m) de dormir	**спальня** (ж)	[s'paʎɲa]
sala (f) de jantar	**столовая** (ж)	[sta'lɔvaja]
sala (f) de estar	**гостиная** (ж)	[gas'tinaja]
escritório (m)	**кабинет** (м)	[kabi'net]
antessala (f)	**прихожая** (ж)	[pri'hɔʒaja]
quarto (m) de banho	**ванная комната** (ж)	['vannaja 'kɔmnatə]
quarto (m) de banho	**туалет** (м)	[tʊa'let]
chão, soalho (m)	**пол** (м)	[pɔl]
teto (m)	**потолок** (м)	[pata'lɔk]
limpar o pó	**вытирать пыль**	[vıti'ratʲ pıʎ]
aspirador (m)	**пылесос** (м)	[pıle'sɔs]
aspirar (vt)	**пылесосить**	[pıle'sɔsitʲ]
esfregona (f)	**швабра** (ж)	[ʃ'vabrə]
pano (m), trapo (m)	**тряпка** (ж)	[t'rʲapkə]
vassoura (f)	**веник** (м)	['wenik]
pá (f) de lixo	**совок** (м) **для мусора**	[sa'vɔk dʎa 'mʊsarə]
mobiliário (m)	**мебель** (ж)	['mebeʎ]
mesa (f)	**стол** (м)	[stɔl]
cadeira (f)	**стул** (м)	[stʊl]
cadeirão (m)	**кресло** (с)	[k'reslə]
biblioteca (f)	**книжный шкаф** (м)	[k'niʒnıj ʃkaf]
prateleira (f)	**полка** (ж)	['pɔlkə]
guarda-vestidos (m)	**гардероб** (м)	[garde'rɔp]
espelho (m)	**зеркало** (с)	['zerkalə]
tapete (m)	**ковёр** (м)	[ka'wɜr]
lareira (f)	**камин** (м)	[ka'min]
cortinas (f pl)	**шторы** (ж мн)	[ʃ'tɔrı]
candeeiro (m) de mesa	**настольная лампа** (ж)	[nas'tɔʎnaja 'lampə]
lustre (m)	**люстра** (ж)	['lystrə]
cozinha (f)	**кухня** (ж)	['kʊhɲa]
fogão (m) a gás	**газовая плита** (ж)	['gazavaja pli'ta]

fogão (m) elétrico	электроплита (ж)	[ɛlektrɑpli'tɑ]
forno (m) de micro-ondas	микроволновая печь (ж)	[mikrɑvɑl'nɔvɑjɑ petʃ]
frigorífico (m)	холодильник (м)	[hɑlɑ'diʎnik]
congelador (m)	морозильник (м)	[mɑrɑ'ziʎnik]
máquina (f) de lavar louça	посудомоечная машина (ж)	[pɑsʊdɑ'mɔetʃnɑjɑ mɑ'ʃinə]
torneira (f)	кран (м)	[krɑn]
moedor (m) de carne	мясорубка (ж)	[misɑ'rʊpkə]
espremedor (m)	соковыжималка (ж)	[sɔkɑvɪʒɪ'mɑlkə]
torradeira (f)	тостер (м)	['tɔster]
batedeira (f)	миксер (м)	['mikser]
máquina (f) de café	кофеварка (ж)	[kɑfe'vɑrkə]
chaleira (f)	чайник (м)	['tʃajnik]
bule (m)	чайник (м)	['tʃajnik]
televisor (m)	телевизор (м)	[tile'wizɑr]
videogravador (m)	видеомагнитофон (м)	['widɑ mɑgnitɑ'fɔn]
ferro (m) de engomar	утюг (м)	[u'tyk]
telefone (m)	телефон (м)	[tile'fɔn]

15. Profissões. Estatuto social

diretor (m)	директор (м)	[di'rektɑr]
superior (m)	начальник (м)	[nɑ'tʃaʎnik]
presidente (m)	президент (м)	[prizi'dent]
assistente (m)	помощник (м)	[pɑ'mɔʃnik]
secretário (m)	секретарь (м)	[sikre'tɑrʲ]
proprietário (m)	владелец (м)	[vlɑ'deleʦ]
parceiro, sócio (m)	партнёр (м)	[pɑrt'nɜr]
acionista (m)	акционер (м)	[ɑkʦɪɑ'ner]
homem (m) de negócios	бизнесмен (м)	[biznes'men]
milionário (m)	миллионер (м)	[milia'ner]
bilionário (m)	миллиардер (м)	[miliɑr'der]
ator (m)	актёр (м)	[ɑk'tɜr]
arquiteto (m)	архитектор (м)	[ɑrhi'tektɑr]
banqueiro (m)	банкир (м)	[bɑ'ŋkir]
corretor (m)	брокер (м)	[b'rɔker]
veterinário (m)	ветеринар (м)	[witeri'nɑr]
médico (m)	врач (м)	[vrɑtʃ]
camareira (f)	горничная (ж)	['gɔrnitʃnɑjɑ]
designer (m)	дизайнер (м)	[di'zɑjner]
correspondente (m)	корреспондент (м)	[kɑrespɑn'dent]
entregador (m)	курьер (м)	[kʊ'rjer]

eletricista (m)	**электрик** (м)	[ɛ'lektrik]
músico (m)	**музыкант** (м)	[mʊzı'kant]
babysitter (f)	**няня** (ж)	['ɲaɲa]
cabeleireiro (m)	**парикмахер** (м)	[parih'maher]
pastor (m)	**пастух** (м)	[pas'tʊh]
cantor (m)	**певец** (м)	[pi'wets]
tradutor (m)	**переводчик** (м)	[pire'vɔʧik]
escritor (m)	**писатель** (м)	[pi'sateʎ]
carpinteiro (m)	**плотник** (м)	[p'lɔtnik]
cozinheiro (m)	**повар** (м)	['pɔvar]
bombeiro (m)	**пожарный** (м)	[pa'ʒarnıj]
polícia (m)	**полицейский** (м)	[pali'tsəjskij]
carteiro (m)	**почтальон** (м)	[paʧta'ʎjon]
programador (m)	**программист** (м)	[pragra'mist]
vendedor (m)	**продавец** (м)	[prada'wets]
operário (m)	**рабочий** (м)	[ra'bɔʧij]
jardineiro (m)	**садовник** (м)	[sa'dɔvnik]
canalizador (m)	**сантехник** (м)	[san'tehnik]
estomatologista (m)	**стоматолог** (м)	[stama'tɔlak]
hospedeira (f) de bordo	**стюардесса** (ж)	[styar'desə]
bailarino (m)	**танцор** (м)	[tan'tsɔr]
guarda-costas (m)	**телохранитель** (м)	[tilahra'niteʎ]
cientista (m)	**учёный** (м)	[u'ʧɔnıj]
professor (m)	**учитель** (м)	[u'ʧiteʎ]
agricultor (m)	**фермер** (м)	['fermer]
cirurgião (m)	**хирург** (м)	[hi'rʊrk]
mineiro (m)	**шахтёр** (м)	[ʃʌh'tɜr]
cozinheiro chefe (m)	**шеф-повар** (м)	[ʃɛf'pɔvar]
condutor (automobilista)	**шофёр** (м)	[ʃʌ'fɜr]

16. Desporto

tipo (m) de desporto	**вид** (м) **спорта**	[wit s'pɔrtə]
futebol (m)	**футбол** (м)	[fʊd'bɔl]
hóquei (m)	**хоккей** (м)	[ha'kej]
basquetebol (m)	**баскетбол** (м)	[basked'bɔl]
beisebol (m)	**бейсбол** (м)	[bejz'bɔl]
voleibol (m)	**волейбол** (м)	[valej'bɔl]
boxe (m)	**бокс** (м)	[bɔks]
luta (f)	**борьба** (ж)	[barʲ'ba]
ténis (m)	**теннис** (м)	['tɛnis]
natação (f)	**плавание** (с)	[p'lavanie]
xadrez (m)	**шахматы** (мн)	['ʃʌhmatı]
corrida (f)	**бег** (м)	[bek]

atletismo (m)	**лёгкая атлетика** (ж)	['lзhkaja at'letikə]
patinagem (f) artística	**фигурное катание** (c)	[fi'gurnae ka'tanie]
ciclismo (m)	**велоспорт** (м)	[wilas'pɔrt]
bilhar (m)	**бильярд** (м)	[bi'ʎjart]
musculação (f)	**бодибилдинг** (м)	[badi'bildink]
golfe (m)	**гольф** (м)	[gɔʎf]
mergulho (m)	**дайвинг** (м)	['dajwink]
vela (f)	**парусный спорт** (м)	['parusnıj spɔrt]
tiro (m) com arco	**стрельба** (ж) **из лука**	[streʎ'ba iz 'lukə]
tempo (m)	**тайм** (м)	[tajm]
intervalo (m)	**перерыв** (м)	[pere'rıf]
empate (m)	**ничья** (ж)	[ni'tʃja]
empatar (vi)	**сыграть вничью**	[sıg'ratʲ vni'tʃjy]
passadeira (f)	**беговая дорожка** (ж)	[biga'vaja da'rɔʃkə]
jogador (m)	**игрок** (м)	[ig'rɔk]
jogador (m) de reserva	**запасной игрок** (м)	[zapas'nɔj ig'rɔk]
banco (m) de reservas	**скамейка** (ж) **запасных**	[ska'mejka zapas'nıh]
jogo (desafio)	**матч** (м)	[matʃ]
baliza (f)	**ворота** (мн)	[va'rɔtə]
guarda-redes (m)	**вратарь** (м)	[vra'tarʲ]
golo (m)	**гол** (м)	[gɔl]
Jogos (m pl) Olímpicos	**Олимпийские игры** (ж мн)	[alim'pijskie 'igrı]
estabelecer um recorde	**ставить рекорд**	[s'tawitʲ re'kɔrt]
final (m)	**финал** (м)	[fi'nal]
campeão (m)	**чемпион** (м)	[tʃimpi'ɔn]
campeonato (m)	**чемпионат** (м)	[tʃimpia'nat]
vencedor (m)	**победитель** (м)	[pabi'diteʎ]
vitória (f)	**победа** (ж)	[pa'bedə]
ganhar (vi)	**выиграть**	['vıigratʲ]
perder (vt)	**проиграть**	[praig'ratʲ]
medalha (f)	**медаль** (ж)	[mi'daʎ]
primeiro lugar (m)	**первое место** (c)	['pervae 'mestə]
segundo lugar (m)	**второе место** (c)	[fta'rɔe 'mestə]
terceiro lugar (m)	**третье место** (c)	[t'retje 'mestə]
estádio (m)	**стадион** (м)	[stadi'ɔn]
fã, adepto (m)	**болельщик** (м)	[ba'leʎɕik]
treinador (m)	**тренер** (м)	[t'rener]
treino (m)	**тренировка** (ж)	[trini'rɔfkə]

17. Línguas estrangeiras. Ortografia

língua (f)	**язык** (м)	[ja'zık]
estudar (vt)	**изучать**	[izu'tʃatʲ]

pronúncia (f)	**произношение** (с)	[prɑiznɑ'ʃɛnie]
sotaque (m)	**акцент** (м)	[ɑk'ʦənt]
substantivo (m)	**существительное** (с)	[sʊɕest'witeʎnɑe]
adjetivo (m)	**прилагательное** (с)	[prilɑ'gɑteʎnɑe]
verbo (m)	**глагол** (м)	[glɑ'gɔl]
advérbio (m)	**наречие** (с)	[nɑ'reʧie]
pronome (m)	**местоимение** (с)	[mistɑi'menie]
interjeição (f)	**междометие** (с)	[meʒdɑ'metie]
preposição (f)	**предлог** (м)	[prid'lɔk]
raiz (f) da palavra	**корень** (м) **слова**	['kɔreɲ s'lɔvə]
terminação (f)	**окончание** (с)	[ɑkɑɲ'ʧanie]
prefixo (m)	**приставка** (ж)	[pris'tɑfkə]
sílaba (f)	**слог** (м)	[slɔk]
sufixo (m)	**суффикс** (м)	['sʊfiks]
acento (m)	**ударение** (с)	[udɑ'renie]
ponto (m)	**точка** (ж)	['tɔʧkə]
vírgula (f)	**запятая** (ж)	[zɑpi'tɑja]
dois pontos (m pl)	**двоеточие** (с)	[dvɑe'tɔʧie]
reticências (f pl)	**многоточие** (с)	[mnɑgɑ'tɔʧie]
pergunta (f)	**вопрос** (м)	[vɑp'rɔs]
ponto (m) de interrogação	**вопросительный знак** (м)	[vɑprɑ'siteʎnɪj znɑk]
ponto (m) de exclamação	**восклицательный знак** (м)	[vɑskli'ʦateʎnɪj z'nɑk]
entre aspas	**в кавычках**	[f kɑ'vɪʧkɑh]
entre parênteses	**в скобках**	[f s'kɔpkɑh]
letra (f)	**буква** (ж)	['bʊkvə]
letra (f) maiúscula	**большая буква** (ж)	[bɑʎ'ʃʌja 'bʊkvə]
frase (f)	**предложение** (с)	[pridlɑ'ʒenie]
grupo (m) de palavras	**словосочетание** (с)	[slɔvɑsɑʧi'tɑnie]
expressão (f)	**выражение** (с)	[vɪrɑ'ʒɛnie]
sujeito (m)	**подлежащее** (с)	[pɑdle'ʒɑɕee]
predicado (m)	**сказуемое** (с)	[skɑ'zuemɑe]
linha (f)	**строка** (ж)	[strɑ'kɑ]
parágrafo (m)	**абзац** (м)	[ɑb'zɑʦ]
sinónimo (m)	**синоним** (м)	[si'nɔnim]
antónimo (m)	**антоним** (м)	[ɑn'tɔnim]
exceção (f)	**исключение** (с)	[iskly'ʧenie]
sublinhar (vt)	**подчеркнуть**	[pɑʧerk'nʊtʲ]
regras (f pl)	**правила** (с мн)	[p'rɑwilə]
gramática (f)	**грамматика** (ж)	[grɑ'mɑtikə]
léxico (m)	**лексика** (ж)	['leksikə]

| fonética (f) | фонетика (ж) | [fɑ'nɛtikə] |
| alfabeto (m) | алфавит (м) | [ɑlfɑ'wit] |

manual (m) escolar	учебник (м)	[u'ʧebnik]
dicionário (m)	словарь (м)	[slɑ'varʲ]
guia (m) de conversação	разговорник (м)	[rɑzgɑ'vɔrnik]

palavra (f)	слово (c)	[s'lɔvə]
sentido (m)	смысл (м)	[smɪsl]
memória (f)	память (ж)	['pɑmitʲ]

18. A Terra. Geografia

Terra (f)	Земля (ж)	[zem'ʎa]
globo terrestre (Terra)	земной шар (м)	[zem'nɔj ʃɑr]
planeta (m)	планета (ж)	[plɑ'netə]

geografia (f)	география (ж)	[giɑg'rɑfijɑ]
natureza (f)	природа (ж)	[pri'rɔdə]
mapa (m)	карта (ж)	['kɑrtə]
atlas (m)	атлас (м)	['ɑtlɑs]

no norte	на севере	[nɑ 'sewere]
no sul	на юге	[nɑ 'juge]
no oeste	на западе	[nɑ 'zɑpɑde]
no leste	на востоке	[nɑ vɑs'tɔke]

mar (m)	море (c)	['mɔre]
oceano (m)	океан (м)	[ɑki'ɑn]
golfo (m)	залив (м)	[zɑ'lif]
estreito (m)	пролив (м)	[prɑ'lif]

continente (m)	материк (м)	[mate'rik]
ilha (f)	остров (м)	['ɔstrɑf]
península (f)	полуостров (м)	[pɑlu'ɔstrɑf]
arquipélago (m)	архипелаг (м)	[ɑrhipe'lɑk]

porto (m)	гавань (ж)	['gɑvɑɲ]
recife (m) de coral	коралловый риф (м)	[kɑ'rɑlɑvɪj rif]
litoral (m)	побережье	[pɑbi'reʒje]
costa (f)	берег (м)	['berek]

| maré (f) alta | прилив (м) | [pri'lif] |
| maré (f) baixa | отлив (м) | [ɑt'lif] |

latitude (f)	широта (ж)	[ʃirɑ'ta]
longitude (f)	долгота (ж)	[dɑlgɑ'ta]
paralela (f)	параллель (ж)	[pɑrɑ'leʎ]
equador (m)	экватор (м)	[ɛk'vɑtɑr]
céu (m)	небо (c)	['nebə]

horizonte (m)	**горизонт** (м)	[gari'zɔnt]
atmosfera (f)	**атмосфера** (ж)	[atmas'ferə]
montanha (f)	**гора** (ж)	[ga'ra]
cume (m)	**вершина** (ж)	[wir'ʃinə]
falésia (f)	**скала** (ж)	[ska'la]
colina (f)	**холм** (м)	[hɔlm]
vulcão (m)	**вулкан** (м)	[vʊl'kan]
glaciar (m)	**ледник** (м)	[lid'nik]
queda (f) d'água	**водопад** (м)	[vada'pat]
planície (f)	**равнина** (ж)	[rav'ninə]
rio (m)	**река** (ж)	[ri'ka]
fonte, nascente (f)	**источник** (м)	[is'tɔtʃnik]
margem (do rio)	**берег** (м)	['berek]
rio abaixo	**вниз по течению**	[vnis pa ti'tʃeniju]
rio acima	**вверх по течению**	[werh pa ti'tʃeniju]
lago (m)	**озеро** (с)	['ɔzerə]
barragem (f)	**плотина** (ж)	[pla'tinə]
canal (m)	**канал** (м)	[ka'nal]
pântano (m)	**болото** (с)	[ba'lɔtə]
gelo (m)	**лёд** (м)	['lɜt]

19. Países do Mundo. Parte 1

Europa (f)	**Европа** (ж)	[ev'rɔpə]
União (f) Europeia	**Европейский Союз** (м)	[evra'pejskij sa'jus]
europeu (m)	**европеец** (м)	[evra'peets]
europeu	**европейский**	[evra'pejskij]
Áustria (f)	**Австрия** (ж)	['afstrija]
Grã-Bretanha (f)	**Великобритания** (ж)	[wilikabri'tanija]
Inglaterra (f)	**Англия** (ж)	['ahglija]
Bélgica (f)	**Бельгия** (ж)	['beʎgija]
Alemanha (f)	**Германия** (ж)	[gir'manija]
Países (m pl) Baixos	**Нидерланды** (мн)	[nider'landı]
Holanda (f)	**Голландия** (ж)	[ga'landija]
Grécia (f)	**Греция** (ж)	[g'retsıja]
Dinamarca (f)	**Дания** (ж)	['danija]
Irlanda (f)	**Ирландия** (ж)	[ir'landija]
Islândia (f)	**Исландия** (ж)	[is'landija]
Espanha (f)	**Испания** (ж)	[is'panija]
Itália (f)	**Италия** (ж)	[i'talija]
Chipre (m)	**Кипр** (м)	[kipr]
Malta (f)	**Мальта** (ж)	['maʎtə]
Noruega (f)	**Норвегия** (ж)	[nar'wegija]

Portugal (m)	**Португалия** (ж)	[partʊ'galija]
Finlândia (f)	**Финляндия** (ж)	[fin'ʎandija]
França (f)	**Франция** (ж)	['frantsija]
Suécia (f)	**Швеция** (ж)	['ʃwetsɪja]
Suíça (f)	**Швейцария** (ж)	[ʃwi'tsarija]
Escócia (f)	**Шотландия** (ж)	[ʃʌt'landIja]
Vaticano (m)	**Ватикан** (м)	[vati'kan]
Liechtenstein (m)	**Лихтенштейн** (м)	[lihtɛnʃ'tɛjn]
Luxemburgo (m)	**Люксембург** (м)	[lyksem'bʊrk]
Mónaco (m)	**Монако** (с)	[ma'nakə]
Albânia (f)	**Албания** (ж)	[al'banija]
Bulgária (f)	**Болгария** (ж)	[bal'garija]
Hungria (f)	**Венгрия** (ж)	['wehgrija]
Letónia (f)	**Латвия** (ж)	['latwija]
Lituânia (f)	**Литва** (ж)	[lit'va]
Polónia (f)	**Польша** (ж)	['pɔʎʃə]
Roménia (f)	**Румыния** (ж)	[rʊ'mɪnija]
Sérvia (f)	**Сербия** (ж)	['serbija]
Eslováquia (f)	**Словакия** (ж)	[sla'vakija]
Croácia (f)	**Хорватия** (ж)	[har'vatija]
República (f) Checa	**Чехия** (ж)	['ʧehija]
Estónia (f)	**Эстония** (ж)	[ɛs'tɔnija]
Bósnia e Herzegovina (f)	**Босния и Герцеговина** (ж)	['bɔsnia i girtsəga'winə]
Macedónia (f)	**Македония** (ж)	[make'dɔnija]
Eslovénia (f)	**Словения** (ж)	[sla'wenija]
Montenegro (m)	**Черногория** (ж)	[ʧirna'gɔrija]
Bielorrússia (f)	**Беларусь** (ж)	[bila'rʊsʲ]
Moldávia (f)	**Молдова** (ж)	[mal'dɔvə]
Rússia (f)	**Россия** (ж)	[ra'sija]
Ucrânia (f)	**Украина** (ж)	[ukra'inə]

20. Países do Mundo. Parte 2

Ásia (f)	**Азия** (ж)	['azija]
Vietname (m)	**Вьетнам** (м)	[vjet'nam]
Índia (f)	**Индия** (ж)	['indija]
Israel (m)	**Израиль** (м)	[iz'raiʎ]
China (f)	**Китай** (м)	[ki'taj]
Líbano (m)	**Ливан** (м)	[li'van]
Mongólia (f)	**Монголия** (ж)	[ma'ŋɔlija]
Malásia (f)	**Малайзия** (ж)	[ma'lajzija]
Paquistão (m)	**Пакистан** (м)	[pakis'tan]
Arábia (f) Saudita	**Саудовская Аравия** (ж)	[sa'udafskaja a'rawija]

Tailândia (f)	**Таиланд** (м)	[tai'lant]
Taiwan (m)	**Тайвань** (м)	[taj'vaɲ]
Turquia (f)	**Турция** (ж)	['turʦija]
Japão (m)	**Япония** (ж)	[ja'pɔnija]
Afeganistão (m)	**Афганистан** (м)	[afganis'tan]
Bangladesh (m)	**Бангладеш** (м)	[bahgla'deʃ]
Indonésia (f)	**Индонезия** (ж)	[inda'nɛzija]
Jordânia (f)	**Иордания** (ж)	[iar'danija]
Iraque (m)	**Ирак** (м)	[i'rak]
Irão (m)	**Иран** (м)	[i'ran]
Camboja (f)	**Камбоджа** (ж)	[kam'bɔʤə]
Kuwait (m)	**Кувейт** (м)	[kʊ'wejt]
Laos (m)	**Лаос** (м)	[la'ɔs]
Mianmar, Birmânia	**Мьянма** (ж)	['mjanmə]
Nepal (m)	**Непал** (м)	[ni'pal]
Emirados Árabes Unidos	**Объединённые Арабские Эмираты** (мн)	[abjedi'nɜnnɪe a'rapskie ɛmi'ratɪ]
Síria (f)	**Сирия** (ж)	['sirija]
Palestina (f)	**Палестина** (ж)	[pales'tinə]
Coreia do Sul (f)	**Южная Корея** (ж)	['juʒnaja ka'reja]
Coreia do Norte (f)	**Северная Корея** (ж)	['sewernaja ka'reja]
Estados Unidos da América	**Соединённые Штаты** (мн) **Америки**	[saedi'nɜnnɪe ʃtatɪ a'meriki]
Canadá (m)	**Канада** (ж)	[ka'nadə]
México (m)	**Мексика** (ж)	['meksikə]
Argentina (f)	**Аргентина** (ж)	[argen'tinə]
Brasil (m)	**Бразилия** (ж)	[bra'zilija]
Colômbia (f)	**Колумбия** (ж)	[ka'lumbija]
Cuba (f)	**Куба** (ж)	['kʊbə]
Chile (m)	**Чили** (ж)	['ʧili]
Venezuela (f)	**Венесуэла** (ж)	[winesʊ'ɛlə]
Equador (m)	**Эквадор** (м)	[ɛkva'dɔr]
Bahamas (f pl)	**Багамские острова** (ж)	[ba'gamskie astra'va]
Panamá (m)	**Панама** (ж)	[pa'namə]
Egito (m)	**Египет** (м)	[e'gipet]
Marrocos	**Марокко** (с)	[ma'rɔkkə]
Tunísia (f)	**Тунис** (м)	[tʊ'nis]
Quénia (f)	**Кения** (ж)	['kenija]
Líbia (f)	**Ливия** (ж)	['liwija]
África do Sul (f)	**ЮАР** (м)	[ju'ar]
Austrália (f)	**Австралия** (ж)	[afst'ralija]
Nova Zelândia (f)	**Новая Зеландия** (ж)	['nɔvaja ze'landija]

21. Tempo. Catástrofes naturais

tempo (m)	**погода** (ж)	[pa'gɔdə]
previsão (f) do tempo	**прогноз** (м) **погоды**	[prag'nɔs pa'gɔdı]
temperatura (f)	**температура** (ж)	[timpera'tʊrə]
termómetro (m)	**термометр** (м)	[tir'mɔmetr]
barómetro (m)	**барометр** (м)	[ba'rɔmetr]
sol (m)	**солнце** (с)	['sɔntse]
brilhar (vi)	**светить**	[swi'titʲ]
de sol, ensolarado	**солнечный**	['sɔlnitʃnıj]
nascer (vi)	**взойти**	[vzaj'ti]
pôr-se (vp)	**сесть**	[sestʲ]
chuva (f)	**дождь** (м)	[dɔʒtʲ]
está a chover	**идёт дождь**	[i'dɜt 'dɔʒtʲ]
chuva (f) torrencial	**проливной дождь** (м)	[praliv'nɔj dɔʒtʲ]
nuvem (f) negra	**туча** (ж)	['tʊtʃə]
poça (f)	**лужа** (ж)	['luʒə]
molhar-se (vp)	**промокнуть**	[pra'mɔknʊtʲ]
trovoada (f)	**гроза** (ж)	[gra'za]
relâmpago (m)	**молния** (ж)	['mɔlnija]
relampejar (vi)	**сверкать**	[swir'katʲ]
trovão (m)	**гром** (м)	[grɔm]
está a trovejar	**гремит гром**	[gri'mit grɔm]
granizo (m)	**град** (м)	[grat]
está a cair granizo	**идёт град**	[i'dɜt g'rat]
calor (m)	**жара** (ж)	[ʒa'ra]
está muito calor	**жарко**	['ʒarkə]
está calor	**тепло**	[tip'lɔ]
está frio	**холодно**	['hɔladnə]
nevoeiro (m)	**туман** (м)	[tʊ'man]
de nevoeiro	**туманный**	[tʊ'mannıj]
nuvem (f)	**облако** (с)	['ɔblakə]
nublado	**облачный**	['ɔblatʃnıj]
humidade (f)	**влажность** (ж)	[v'laʒnastʲ]
neve (f)	**снег** (м)	[snek]
está a nevar	**идёт снег**	[i'dɜt s'nek]
gelo (m)	**мороз** (м)	[ma'rɔs]
abaixo de zero	**ниже нуля**	['niʒɛ nʊ'ʎa]
geada (f) branca	**иней** (м)	['inej]
mau tempo (m)	**непогода** (ж)	[nipa'gɔdə]
catástrofe (f)	**катастрофа** (ж)	[katast'rɔfə]
inundação (f)	**наводнение** (с)	[navad'nenie]
avalanche (f)	**лавина** (ж)	[la'winə]
terremoto (m)	**землетрясение** (с)	[zemletri'senie]

abalo, tremor (m)	**толчок** (м)	[tal'ʧɔk]
epicentro (m)	**эпицентр** (м)	[ɛpi'ʦentr]
erupção (f)	**извержение** (с)	[izwer'ʒɛnie]
lava (f)	**лава** (ж)	['lavə]
tornado (m)	**торнадо** (м)	[tar'nadə]
turbilhão (m)	**смерч** (м)	[smerʧ]
furacão (m)	**ураган** (м)	[ura'gan]
tsunami (m)	**цунами** (с)	[ʦu'nami]
ciclone (m)	**циклон** (м)	[ʦɪk'lɔn]

22. Animais. Parte 1

animal (m)	**животное** (с)	[ʒɪ'vɔtnae]
predador (m)	**хищник** (м)	['hiɕnik]
tigre (m)	**тигр** (м)	[tigr]
leão (m)	**лев** (м)	[lef]
lobo (m)	**волк** (м)	[vɔlk]
raposa (f)	**лиса** (ж)	['lisə]
jaguar (m)	**ягуар** (м)	[jagʊ'ar]
lince (m)	**рысь** (ж)	[rɪsʲ]
coiote (m)	**койот** (м)	[ka'jot]
chacal (m)	**шакал** (м)	[ʃʌ'kal]
hiena (f)	**гиена** (ж)	[gi'enə]
esquilo (m)	**белка** (ж)	['belkə]
ouriço (m)	**ёж** (м)	[ɜʃ]
coelho (m)	**кролик** (м)	[k'rɔlik]
guaxinim (m)	**енот** (м)	[e'nɔt]
hamster (m)	**хомяк** (м)	[ha'mʲak]
toupeira (f)	**крот** (м)	[krɔt]
rato (m)	**мышь** (ж)	[mɪʃ]
ratazana (f)	**крыса** (ж)	[k'rɪsə]
morcego (m)	**летучая мышь** (ж)	[le'tʊʧija mɪʃ]
castor (m)	**бобр** (м)	[bɔbr]
cavalo (m)	**лошадь** (ж)	['lɔʃʌtʲ]
veado (m)	**олень** (м)	[a'leɲ]
camelo (m)	**верблюд** (м)	[wirb'lyt]
zebra (f)	**зебра** (ж)	['zebrə]
baleia (f)	**кит** (м)	[kit]
foca (f)	**тюлень** (м)	[ty'leɲ]
morsa (f)	**морж** (м)	[mɔrʃ]
golfinho (m)	**дельфин** (м)	[diʎ'fin]
urso (m)	**медведь** (м)	[mid'wetʲ]
macaco (em geral)	**обезьяна** (ж)	[abi'zjanə]

elefante (m)	**слон** (м)	[slɔn]
rinoceronte (m)	**носорог** (м)	[nɑsɑ'rɔk]
girafa (f)	**жираф** (м)	[ʒɪ'rɑf]
hipopótamo (m)	**бегемот** (м)	[bige'mɔt]
canguru (m)	**кенгуру** (м)	[kihgu'rʊ]
gata (f)	**кошка** (ж)	['kɔʃkə]
vaca (f)	**корова** (ж)	[kɑ'rɔvə]
touro (m)	**бык** (м)	[bɪk]
ovelha (f)	**овца** (ж)	[ɑv'ʦa]
cabra (f)	**коза** (ж)	[kɑ'zɑ]
burro (m)	**осёл** (м)	[ɑ'sɜl]
porco (m)	**свинья** (ж)	[swi'ɲjɑ]
galinha (f)	**курица** (ж)	['kʊriʦə]
galo (m)	**петух** (м)	[pi'tʊh]
pato (m), pata (f)	**утка** (ж)	['utkə]
ganso (m)	**гусь** (м)	[gʊsʲ]
perua (f)	**индюшка** (ж)	[in'dyʃkə]
cão pastor (m)	**овчарка** (ж)	[ɑf'ʧarkə]

23. Animais. Parte 2

pássaro, ave (m)	**птица** (ж)	[p'tiʦə]
pombo (m)	**голубь** (м)	['gɔlupʲ]
pardal (m)	**воробей** (м)	[vɑrɑ'bej]
chapim-real (m)	**синица** (ж)	[si'niʦə]
pega-rabuda (f)	**сорока** (ж)	[sɑ'rɔkə]
águia (f)	**орёл** (м)	[ɑ'rɜl]
açor (m)	**ястреб** (м)	['jastrep]
falcão (m)	**сокол** (м)	['sɔkɑl]
cisne (m)	**лебедь** (м)	['lebetʲ]
grou (m)	**журавль** (м)	[ʒu'rɑvʎ]
cegonha (f)	**аист** (м)	['ɑist]
papagaio (m)	**попугай** (м)	[pɑpʊ'gɑj]
pavão (m)	**павлин** (м)	[pɑv'lin]
avestruz (f)	**страус** (м)	[st'rɑus]
garça (f)	**цапля** (ж)	['ʦapʎa]
rouxinol (m)	**соловей** (м)	[sɑlɑ'wej]
andorinha (f)	**ласточка** (ж)	['lɑstɑʧkə]
pica-pau (m)	**дятел** (м)	['dʲatel]
cuco (m)	**кукушка** (ж)	[kʊ'kʊʃkə]
coruja (f)	**сова** (ж)	[sɑ'vɑ]
pinguim (m)	**пингвин** (м)	[pihg'win]
atum (m)	**тунец** (м)	[tʊ'neʦ]

truta (f)	**форель** (ж)	[fa'reʎ]
enguia (f)	**угорь** (м)	['ugarʲ]
tubarão (m)	**акула** (ж)	[a'kʊlə]
caranguejo (m)	**краб** (м)	[krap]
medusa, alforreca (f)	**медуза** (ж)	[mi'dʊzə]
polvo (m)	**осьминог** (м)	[asʲmi'nɔk]
estrela-do-mar (f)	**морская звезда** (ж)	[mars'kaja zwez'da]
ouriço-do-mar (m)	**морской ёж** (м)	[mars'kɔj ʒʃ]
cavalo-marinho (m)	**морской конёк** (м)	[mars'kɔj ka'nɜk]
camarão (m)	**креветка** (ж)	[kri'wetkə]
serpente, cobra (f)	**змея** (ж)	[zmi'ja]
víbora (f)	**гадюка** (ж)	[ga'dykə]
lagarto (m)	**ящерица** (ж)	['jaɕiritsə]
iguana (f)	**игуана** (ж)	[igʊ'anə]
camaleão (m)	**хамелеон** (м)	[hamili'ɔn]
escorpião (m)	**скорпион** (м)	[skarpi'ɔn]
tartaruga (f)	**черепаха** (ж)	[ʧiri'pahə]
rã (f)	**лягушка** (ж)	[li'gʊʃkə]
crocodilo (m)	**крокодил** (м)	[kraka'dil]
inseto (m)	**насекомое** (с)	[nase'kɔmae]
borboleta (f)	**бабочка** (ж)	['babaʧkə]
formiga (f)	**муравей** (м)	[mʊra'wej]
mosca (f)	**муха** (ж)	['mʊhə]
mosquito (m)	**комар** (м)	[ka'mar]
escaravelho (m)	**жук** (м)	[ʒuk]
abelha (f)	**пчела** (ж)	[pʧi'la]
aranha (f)	**паук** (м)	[pa'uk]

24. Árvores. Plantas

árvore (f)	**дерево** (с)	['derevə]
bétula (f)	**берёза** (ж)	[bi'rɜzə]
carvalho (m)	**дуб** (м)	[dʊp]
tília (f)	**липа** (ж)	['lipə]
choupo-tremedor (m)	**осина** (ж)	[a'sinə]
bordo (m)	**клён** (м)	['klɜn]
espruce-europeu (m)	**ель** (ж)	[eʎ]
pinheiro (m)	**сосна** (ж)	[sas'na]
cedro (m)	**кедр** (м)	[kedr]
choupo, álamo (m)	**тополь** (м)	['tɔpaʎ]
tramazeira (f)	**рябина** (ж)	[ri'binə]
faia (f)	**бук** (м)	[bʊk]

ulmeiro (m)	**вяз** (м)	[vʲas]
freixo (m)	**ясень** (м)	['jaseɲ]
castanheiro (m)	**каштан** (м)	[kaʃ'tan]
palmeira (f)	**пальма** (ж)	['paʎmə]
arbusto (m)	**куст** (м)	[kʊst]
cogumelo (m)	**гриб** (м)	[grɪp]
cogumelo (m) venenoso	**ядовитый гриб** (м)	[jada'witɪj grip]
cepe-de-bordéus (m)	**белый гриб** (м)	['belɪj grip]
rússula (f)	**сыроежка** (ж)	[sɪra'eʃkə]
agário-das-moscas (m)	**мухомор** (м)	[mʊha'mɔr]
cicuta (f) verde	**поганка** (ж)	[pa'gankə]
flor (f)	**цветок** (м)	[ʦwi'tɔk]
ramo (m) de flores	**букет** (м)	[bʊ'ket]
rosa (f)	**роза** (ж)	['rɔzə]
tulipa (f)	**тюльпан** (м)	[tyʎ'pan]
cravo (m)	**гвоздика** (ж)	[gvaz'dikə]
camomila (f)	**ромашка** (ж)	[ra'maʃkə]
cato (m)	**кактус** (м)	['kaktʊs]
lírio-do-vale (m)	**ландыш** (м)	['landɪʃ]
campânula-branca (f)	**подснежник** (м)	[paʦ'neʒnik]
nenúfar (m)	**кувшинка** (ж)	[kʊf'ʃinkə]
estufa (f)	**оранжерея** (ж)	[aranʒɪ'reja]
relvado (m)	**газон** (м)	[ga'zɔn]
canteiro (m) de flores	**клумба** (ж)	[k'lumbə]
planta (f)	**растение** (с)	[ras'tenie]
erva (f)	**трава** (ж)	[tra'va]
folha (f)	**лист** (м)	[list]
pétala (f)	**лепесток** (м)	[lipes'tɔk]
talo (m)	**стебель** (м)	[s'tebeʎ]
broto, rebento (m)	**росток** (м)	[ras'tɔk]
cereais (plantas)	**зерновые растения** (с мн)	[zerna'vɪe ras'tenija]
trigo (m)	**пшеница** (ж)	[pʃɪ'niʦə]
centeio (m)	**рожь** (ж)	[rɔʃ]
aveia (f)	**овёс** (м)	[a'wɜs]
milho-miúdo (m)	**просо** (с)	[p'rɔsə]
cevada (f)	**ячмень** (м)	[iʧ'meɲ]
milho (m)	**кукуруза** (ж)	[kʊkʊ'rʊzə]
arroz (m)	**рис** (м)	[ris]

25. Várias palavras úteis

ajuda (f)	**помощь** (ж)	['pɔmaɕ]
base (f)	**база** (ж)	['bazə]

categoria (f)	**категория** (ж)	[kate'gɔrija]
coincidência (f)	**совпадение** (с)	[safpa'denie]
começo (m)	**начало** (с)	[na'ʧalə]
comparação (f)	**сравнение** (с)	[srav'nenie]
desenvolvimento (m)	**развитие** (с)	[raz'witie]
diferença (f)	**различие** (с)	[raz'liʧie]
efeito (m)	**эффект** (м)	[ɛ'fekt]
elemento (m)	**элемент** (м)	[ɛli'ment]
equilíbrio (m)	**баланс** (м)	[ba'lans]
erro (m)	**ошибка** (ж)	[a'ʃipkə]
esforço (m)	**усилие** (с)	[u'silie]
estilo (m)	**стиль** (м)	[stiʎ]
exemplo (m)	**пример** (м)	[pri'mer]
facto (m)	**факт** (м)	[fakt]
forma (f)	**форма** (ж)	['fɔrmə]
género (tipo)	**вид** (м)	[wit]
grau (m)	**степень** (ж)	[s'tepeɲ]
ideal	**идеал** (м)	[idi'al]
mistério (m)	**тайна** (ж)	['tajnə]
modo (m)	**способ** (м)	[s'pɔsap]
momento (m)	**момент** (м)	[ma'ment]
obstáculo (m)	**препятствие** (с)	[pri'pʲatstwie]
padrão	**стандартный**	[stan'dartnɪj]
paragem (pausa)	**остановка** (ж)	[asta'nɔfkə]
parte (f)	**часть** (ж)	[ʧastʲ]
pausa (f)	**пауза** (ж)	['pauzə]
posição (f)	**позиция** (ж)	[pa'zitsɪja]
problema (m)	**проблема** (ж)	[prab'lemə]
processo (m)	**процесс** (м)	[pra'tses]
progresso (m)	**прогресс** (м)	[prag'rɛs]
propriedade (f)	**свойство** (с)	[s'vɔjstvə]
reação (f)	**реакция** (ж)	[ri'aktsɪja]
risco (m)	**риск** (м)	[risk]
ritmo (m)	**темп** (м)	[tɛmp]
série (f)	**серия** (ж)	['serija]
sistema (m)	**система** (ж)	[sis'temə]
situação (f)	**ситуация** (ж)	[sitʊ'atsɪja]
solução (f)	**решение** (с)	[ri'ʃənie]
tabela (f)	**таблица** (ж)	[tab'litsə]
termo (ex. ~ técnico)	**термин** (м)	['termin]
urgente	**срочный**	[s'rɔʧnɪj]
utilidade (f)	**польза** (ж)	['pɔʎzə]

variante (f)	**вариант** (м)	[vari'ant]
variedade (f)	**выбор** (м)	['vıbar]
verdade (f)	**истина** (ж)	['istinə]
vez (f)	**очередь** (ж)	['ɔtʃiret']
zona (f)	**зона** (ж)	['zɔnə]

26. Modificadores. Adjetivos. Parte 1

aberto	**открытый**	[atk'rıtıj]
afiado	**острый**	['ɔstrıj]
alto (ex. voz ~a)	**громкий**	[g'rɔmkij]
amargo	**горький**	['gɔr'kij]
amplo	**просторный**	[pras'tɔrnıj]
antigo	**древний**	[d'revnij]
arriscado	**рискованный**	[ris'kɔvanıj]
artificial	**искусственный**	[is'kʊstwennıj]
azedo	**кислый**	['kislıj]
baixo (voz ~a)	**тихий**	['tihij]
bonito	**красивый**	[kra'sivıj]
bronzeado	**загорелый**	[zaga'relıj]
burro, estúpido	**глупый**	[g'lupıj]
cego	**слепой**	[sli'pɔj]
central	**центральный**	[ʦınt'raʎnıj]
cheio (ex. copo ~)	**полный**	['pɔlnıj]
clandestino	**подпольный**	[pat'pɔʎnıj]
compatível	**совместимый**	[savmes'timıj]
comum, normal	**обыкновенный**	[abıkna'wennıj]
congelado	**замороженный**	[zama'rɔʒınıj]
contente	**довольный**	[da'vɔʎnıj]
contínuo	**продолжительный**	[prada'ʒiteʎnıj]
contrário (ex. o efeito ~)	**противоположный**	[prativapa'lɔʒnıj]
cru (não cozinhado)	**сырой**	[sı'rɔj]
curto	**короткий**	[ka'rɔtkij]
denso (fumo, etc.)	**плотный**	[p'lɔtnıj]
difícil	**трудный**	[t'rʊdnıj]
direito	**правый**	[p'ravıj]
doce (açucarado)	**сладкий**	[s'latkij]
doce (água)	**пресный**	[p'resnıj]
doente	**больной**	[baʎ'nɔj]
duro (material ~)	**твёрдый**	['twɜrdıj]
educado	**вежливый**	['weʒlivıj]
enigmático	**загадочный**	[za'gadatʃnıj]
enorme	**огромный**	[ag'rɔmnıj]

especial	**специальный**	[spiʦɪ'ɑʎnɪj]
esquerdo	**левый**	['levɪj]
estreito	**узкий**	['uskij]
exato	**точный**	['tɔʧnɪj]
excelente	**отличный**	[ɑt'liʧnɪj]
excessivo	**чрезмерный**	[ʧrez'mernɪj]
externo	**внешний**	[v'neʃnij]
fácil	**лёгкий**	['lɜɦkij]
feliz	**счастливый**	[ɕis'livɪj]
fértil (terreno ~)	**плодородный**	[plɑdɑ'rɔdnɪj]
forte (pessoa ~)	**сильный**	['siʎnɪj]
frágil	**хрупкий**	[h'rʊpkij]
gostoso	**вкусный**	[f'kʊsnɪj]
grande	**большой**	[bɑʎ'ʃɔj]
gratuito, grátis	**бесплатный**	[bisp'lɑtnɪj]

27. Modificadores. Adjetivos. Parte 2

imóvel	**неподвижный**	[nipɑd'wiʒnɪj]
importante	**важный**	['vɑʒnɪj]
infantil	**детский**	['deʦkij]
inteligente	**умный**	['umnɪj]
interno	**внутренний**	[v'nʊtrenij]
legal	**законный**	[zɑ'kɔnnɪj]
leve	**лёгкий**	['lɜɦkij]
limpo	**чистый**	['ʧistɪj]
líquido	**жидкий**	['ʒitkij]
liso	**гладкий**	[g'lɑtkij]
longo (ex. cabelos ~s)	**длинный**	[d'linnɪj]
maduro (ex. fruto ~)	**зрелый**	[z'relɪj]
mate, baço	**матовый**	['mɑtɑvɪj]
mau	**плохой**	[plɑ'hɔj]
mole	**мягкий**	['mʲɑɦkij]
morto	**мёртвый**	['mɜrtvɪj]
não difícil	**нетрудный**	[nit'rʊdnɪj]
não é clara	**неясный**	[ni'jasnɪj]
natal (país ~)	**родной**	[rɑd'nɔj]
negativo	**отрицательный**	[ɑtri'ʦɑteʎnɪj]
normal	**нормальный**	[nɑr'mɑʎnɪj]
novo	**новый**	['nɔvɪj]
obrigatório	**обязательный**	[ɑbi'zɑteʎnɪj]
original	**оригинальный**	[ɑrigi'nɑʎnɪj]
passado	**прошлый**	[p'rɔʃlɪj]
perigoso	**опасный**	[ɑ'pɑsnɪj]

pessoal	**персональный**	[pirsa'naʎnɪj]
pobre	**бедный**	['bednɪj]
possível	**возможный**	[vaz'mɔʒnɪj]
pouco fundo	**мелкий**	['melkij]
primeiro (principal)	**основной**	[asnav'nɔj]
principal	**главный**	[g'lavnɪj]
provável	**вероятный**	[wira'jatnɪj]
rápido	**быстрый**	['bɪstrɪj]
raro	**редкий**	['retkij]
reto	**прямой**	[pri'mɔj]
seguinte	**следующий**	[s'leduɕij]
similar	**похожий**	[pa'hɔʒɪj]
soberbo	**превосходный**	[privas'hɔdnɪj]
social	**общественный**	[ap'ɕestwenɪj]
sólido	**прочный**	[p'rɔʧnɪj]
sujo	**грязный**	[g'rʲaznɪj]
suplementar	**дополнительный**	[dapal'niteʎnɪj]
triste (um ar ~)	**печальный**	[pi'ʧaʎnɪj]
último	**последний**	[pas'lednij]
usado	**бывший в употреблении**	['bɪfʃɪj v upatreb'lenii]
vazio (meio ~)	**пустой**	[pus'tɔj]
velho	**старый**	[s'tarɪj]

28. Verbos. Parte 1

abrir (vt)	**открывать**	[atkrɪ'vatʲ]
acabar, terminar (vt)	**заканчивать**	[za'kaɲʧivatʲ]
acusar (vt)	**обвинять**	[abwi'ɲatʲ]
agradecer (vt)	**благодарить**	[blagada'ritʲ]
ajudar (vt)	**помогать**	[pama'gatʲ]
almoçar (vi)	**обедать**	[a'bedatʲ]
alugar (~ um apartamento)	**снимать**	[sni'matʲ]
amar (vt)	**любить**	[ly'bitʲ]
anular, cancelar (vt)	**отменить**	[atme'nitʲ]
anunciar (vt)	**объявлять**	[abʰiv'ʎatʲ]
apagar, eliminar (vt)	**удалить**	[uda'litʲ]
apanhar (vt)	**ловить**	[la'witʲ]
arrumar, limpar (vt)	**убирать**	[ubi'ratʲ]
assinar (vt)	**подписывать**	[pat'pisɪvatʲ]
atirar, disparar (vi)	**стрелять**	[stri'ʎatʲ]
bater (espancar)	**бить**	[bitʲ]
bater-se (vp)	**драться**	[d'ratsə]
beber, tomar (vt)	**пить**	[pitʲ]

brincar (vi)	**шутить**	[ʃʊ'tit^j]
brincar, jogar (crianças)	**играть**	[ig'rat^j]
caçar (vi)	**охотиться**	[a'hɔtiʦə]
cair (vi)	**падать**	['padat^j]
cantar (vi)	**петь**	[pet^j]
cavar (vt)	**рыть**	[rɪt^j]
cessar (vt)	**прекращать**	[prikra'ɕat^j]
chegar (vi)	**приезжать**	[prii'ʑat^j]
chorar (vi)	**плакать**	[p'lakat^j]
começar (vt)	**начинать**	[naʧi'nat^j]
comer (vt)	**есть**	[est^j]
comparar (vt)	**сравнивать**	[s'ravnivat^j]
comprar (vt)	**покупать**	[pakʊ'pat^j]
compreender (vt)	**понимать**	[pani'mat^j]
confiar (vt)	**доверять**	[dawe'r^jat^j]
confirmar (vt)	**подтвердить**	[patwer'dit^j]
conhecer (vt)	**знать**	[znat^j]
construir (vt)	**строить**	[st'rɔit^j]
contar (fazer contas)	**считать**	[ɕi'tat^j]
contar (vt)	**рассказывать**	[ras'kazɪvat^j]
contar com (esperar)	**рассчитывать на ...**	[ra'ɕitɪvat^j na]
convidar (vt)	**приглашать**	[prigla'ʃʌt^j]
copiar (vt)	**скопировать**	[ska'piravat^j]
correr (vi)	**бежать**	[bi'ʒat^j]
crer (vt)	**верить**	['werit^j]
criar (vt)	**создать**	[saz'dat^j]
custar (vt)	**стоить**	[s'tɔit^j]

29. Verbos. Parte 2

dançar (vi)	**танцевать**	[tanʦɪ'vat^j]
dar (vt)	**давать**	[da'vat^j]
decidir (vt)	**решать**	[ri'ʃʌt^j]
deixar cair (vt)	**ронять**	[ra'ɲat^j]
depender de ... (vi)	**зависеть**	[za'wiset^j]
desaparecer (vi)	**исчезнуть**	[i'ɕeznʊt^j]
desculpar (vt)	**извинять**	[izwi'ɲat^j]
desculpar-se (vp)	**извиняться**	[izwi'ɲaʦə]
desligar (vt)	**выключать**	[vɪkly'ʧat^j]
desprezar (vt)	**презирать**	[prizi'rat^j]
discutir (notícias, etc.)	**обсуждать**	[apsʊʒ'dat^j]
divorciar-se (vp)	**развестись**	[razwes'tis^j]
dizer (vt)	**сказать**	[ska'zat^j]
duvidar (vt)	**сомневаться**	[samni'vaʦə]

encontrar (achar)	**находить**	[naha'ditʲ]
encontrar-se (vp)	**встречаться**	[fstre'ʧaʦə]
enganar (vt)	**обманывать**	[ab'manɪvatʲ]
enviar (uma carta)	**отправлять**	[atprav'ʎatʲ]
errar (equivocar-se)	**ошибаться**	[aʃɪ'baʦə]
escolher (vt)	**выбирать**	[vɪbi'ratʲ]
esconder (vt)	**прятать**	[p'rʲatatʲ]
escrever (vt)	**писать**	[pi'satʲ]
esperar (o autocarro, etc.)	**ждать**	[ʒdatʲ]
esperar (ter esperança)	**надеяться**	[na'deiʦə]
esquecer (vi, vt)	**забывать**	[zabɪ'vatʲ]
estar ausente	**отсутствовать**	[a'ʦuʦtvavatʲ]
estar com pressa	**спешить**	[spi'ʃitʲ]
estar com pressa	**торопиться**	[tara'piʦə]
estar de acordo	**соглашаться**	[sagla'ʃʌʦə]
estudar (vt)	**изучать**	[izu'ʧatʲ]
exigir (vt)	**требовать**	[t'rebavatʲ]
existir (vi)	**существовать**	[suɕestva'vatʲ]
explicar (vt)	**объяснять**	[abʰes'ɲatʲ]
falar (vi)	**говорить**	[gava'ritʲ]
falar com ...	**говорить с ...**	[gava'ritʲ s]
faltar (clases, etc.)	**пропускать**	[prapus'katʲ]
fazer (vt)	**делать**	['delatʲ]
fazer, preparar (vt)	**готовить**	[ga'tɔwitʲ]
fechar (vt)	**закрывать**	[zakrɪ'vatʲ]
felicitar (vt)	**поздравлять**	[pazdrav'ʎatʲ]
ficar cansado	**уставать**	[usta'vatʲ]
gostar (apreciar)	**нравиться**	[n'rawiʦə]
gritar (vi)	**кричать**	[kri'ʧatʲ]
guardar (cartas, etc.)	**сохранять**	[sahra'ɲatʲ]
insistir (vi)	**настаивать**	[nas'taivatʲ]
insultar (vt)	**оскорблять**	[askarb'ʎatʲ]
ir (a pé)	**идти**	[itʲ'ti]
jantar (vi)	**ужинать**	['uʒɪnatʲ]
ler (vt)	**читать**	[ʧi'tatʲ]
ligar (vt)	**включать**	[fkly'ʧatʲ]

30. Verbos. Parte 3

matar (vt)	**убивать**	[ubi'vatʲ]
mergulhar (vi)	**нырять**	[nɪ'rʲatʲ]
morrer (vi)	**умереть**	[umi'retʲ]
mostrar (vt)	**показывать**	[pa'kazɪvatʲ]
mudar (modificar)	**изменить**	[izme'nitʲ]

nadar (vi)	**плавать**	[p'lavatʲ]
nascer (vi)	**родиться**	[ra'ditsə]
negar (vt)	**отрицать**	[atri'tsatʲ]
obedecer (vt)	**подчиниться**	[patʃi'nitsə]
odiar (vt)	**ненавидеть**	[nina'widetʲ]
olhar para ...	**глядеть на ...**	[gli'detʲ na]
ouvir (vt)	**слышать**	[s'lıʃʌtʲ]
pagar (vt)	**платить**	[pla'titʲ]
participar (vi)	**участвовать**	[u'tʃastvavatʲ]
pegar (tomar)	**брать**	[bratʲ]
pensar (vt)	**думать**	['dʊmatʲ]
perder (o guarda-chuva, etc.)	**терять**	[ti'rʲatʲ]
perdoar (vt)	**прощать**	[pra'ɕatʲ]
perguntar (vt)	**спрашивать**	[sp'raʃıvatʲ]
permitir (vt)	**разрешать**	[razre'ʃʌtʲ]
pertencer (vt)	**принадлежать ...**	[prinadle'ʒatʲ]
perturbar (vt)	**беспокоить**	[bispa'kɔitʲ]
poder (v aux)	**мочь**	[mɔtʃ]
poder (v aux)	**мочь**	[mɔtʃ]
prever (vt)	**предвидеть**	[prid'widetʲ]
proibir (vt)	**запретить**	[zapri'titʲ]
prometer (vt)	**обещать**	[abi'ɕatʲ]
propor (vt)	**предлагать**	[pridla'gatʲ]
provar (vt)	**доказывать**	[da'kazıvatʲ]
quebrar (vt)	**ломать**	[la'matʲ]
queixar-se (vp)	**жаловаться**	['ʒalavatsə]
querer (desejar)	**хотеть**	[ha'tetʲ]
receber (vt)	**получить**	[palu'tʃitʲ]
repetir (dizer outra vez)	**повторять**	[pafta'rʲatʲ]
reservar (~ um quarto)	**резервировать**	[rezir'wiravatʲ]
responder (vt)	**отвечать**	[atwe'tʃatʲ]
rezar, orar (vi)	**молиться**	[ma'litsə]
roubar (vt)	**красть**	[krastʲ]
salvar (vt)	**спасать**	[spa'satʲ]
secar (vt)	**сушить**	[sʊ'ʃitʲ]
sentar-se (vp)	**садиться**	[sa'ditsə]
sorrir (vi)	**улыбаться**	[ulı'batsə]
tentar (vt)	**пытаться**	[pı'tatsə]
ter (vt)	**иметь**	[i'metʲ]
ter medo	**бояться**	[ba'jatsə]
terminar (vt)	**прекращать**	[prikra'ɕatʲ]
tomar o pequeno-almoço	**завтракать**	['zaftrakatʲ]
trabalhar (vi)	**работать**	[ra'bɔtatʲ]
traduzir (vt)	**переводить**	[pireva'ditʲ]

vender (vt)	**продавать**	[prɑdɑ'vatʲ]
ver (vt)	**видеть**	['widetʲ]
verificar (vt)	**проверять**	[prɑwe'rʲatʲ]
virar (ex. ~ à direita)	**поворачивать**	[pɑvɑ'ratʃivatʲ]
voar (vi)	**лететь**	[li'tetʲ]